U0531934

本书得到教育部人文社会科学研究青年基金项目"积极老龄化视域下隔代照顾对农村老年人劳动供给的影响研究"(项目批准号：24YJC840042)的资助

珞珈政管学术丛书

中国中老年人工作与家庭照顾角色研究

A Study of Work and Caregiving Roles among Chinese Middle-to-Older Aged Adults

叶 菁 ◎ 著

中国社会科学出版社

图书在版编目（CIP）数据

中国中老年人工作与家庭照顾角色研究 / 叶菁著. -- 北京：中国社会科学出版社，2025.6. --（珞珈政管学术丛书）. -- ISBN 978-7-5227-4785-9

Ⅰ. D669.6

中国国家版本馆 CIP 数据核字第 20253TB240 号

出 版 人	赵剑英
责任编辑	郭曼曼
责任校对	韩天炜
责任印制	李寡寡

出　　版	中国社会科学出版社
社　　址	北京鼓楼西大街甲 158 号
邮　　编	100720
网　　址	http://www.csspw.cn
发 行 部	010-84083685
门 市 部	010-84029450
经　　销	新华书店及其他书店

印　　刷	北京君升印刷有限公司
装　　订	廊坊市广阳区广增装订厂
版　　次	2025 年 6 月第 1 版
印　　次	2025 年 6 月第 1 次印刷

开　　本	710×1000　1/16
印　　张	11.25
插　　页	2
字　　数	150 千字
定　　价	65.00 元

凡购买中国社会科学出版社图书，如有质量问题请与本社营销中心联系调换
电话：010-84083683
版权所有　侵权必究

《珞珈政管学术丛书》
出版说明

  自2013年党的十八届三中全会提出"国家治理体系和治理能力现代化"的重大命题以来,"国家治理"便成为政治学和公共管理的焦点议题。相比于"政府改革""政治发展"和"国家建设","国家治理"是一个更具包容性的概念,也是内涵本土政治诉求的概念。改革开放以来尤其是近十年来,中国在此领域的自觉追求、独特道路、运作机理和丰富经验,成为中国政治学和公共管理研究的富矿所在。对此主题展开自主挖掘和知识提纯,是政治学者和公共管理学者义不容辞的责任。

  武汉大学政治与公共管理学院由政治学和公共管理两个一级学科构成,每个一级学科的二级学科较为完备,研究方向也比较齐全,形成了颇具规模的学科群。两个一级学科均学术积累深厚,研究定位明确,即始终注重对政治学和公共管理基本问题的理论探讨与实践探索。从内涵上讲,不管是政治学,还是公共管理,探讨的问题都属于"国家治理"的范畴,也无外乎理念、结构、制度、体系、运行、能力和绩效等不同层面。在此意义上,持续探索国家治理现代化的理论与经验问题,也就成为学院人才培养、科学研究和学科发展的主旨。

  对社会科学学者而言,专著相比于论文更能体现其长远的学术贡献。对科学研究和学科建设而言,代表性著作和系列丛书更是支撑性的评价维度。为迎接武汉大学130周年校庆,更为了集中呈现学院教师十余年来学术研究的最新进展,激励老师们潜心治学、打磨精品,同时也为了促进学院的学科建设，推出有代表性的学者和作品，学院经讨论后决定启动《珞珈政管学术丛书》出版计划，并与长期以来与学院多有合作的中国社会科学出版社再续前缘。经教师个人申报，学院教授委员会把关，2023年共有十份书稿纳入此套丛书。

这套丛书的内容，大体涉及政治学、国际关系和公共管理三大板块。既有国内治理，也有国际关系；既有经验挖掘，也有理论提炼；既有量化研究，也有质性研究；既有个案呈现，也有多案例比较。但大都围绕国家治理现代化的重大现实议题展开，因此初步形成了一个涵盖问题较为丰富的成果集群。需要说明的是，这次的丛书出版只是一个开端。《珞珈政管学术丛书》是一套持续展开的丛书，今后学院教师的学术书稿在经过遴选后，仍可纳入其中出版。相信经过多年的积累，将会蔚为大观，以贡献于政治学界和公共管理学界。

学者靠作品说话，作品靠质量说话。这套丛书的学术水准如何，还有待学界同行和广大读者的评鉴。而从学术角度所提的任何批评和建议，都是我们所欢迎的。

武汉大学政治与公共管理学院院长

刘伟

2023年8月24日

目 录

第一章 前言 / 1
 一 研究问题 / 1
 二 研究意义 / 4
 三 研究思路与内容 / 6
 四 数据来源与研究方法 / 11

第二章 与孙辈同住对中老年人工作前景的影响
    ——基于性别、工作类型差异的分析 / 13
 一 研究背景与意义 / 14
 二 文献综述 / 15
 三 研究目标 / 20
 四 研究数据与方法 / 22
 五 研究结论与讨论 / 26

第三章 与孙辈同住情况变化对中老年人劳动力参与的影响
　　——基于性别差异的分析　/ 41

　一　研究背景与意义　/ 41

　二　文献综述　/ 43

　三　研究数据与方法　/ 46

　四　分析结果　/ 48

　五　研究结论与讨论　/ 53

第四章 中老年人工作与家庭照护者角色转变的影响因素
　　——基于性别、城乡差异的分析　/ 57

　一　研究背景与意义　/ 58

　二　文献综述　/ 59

　三　研究问题和假设　/ 64

　四　研究数据与方法　/ 66

　五　分析结果　/ 73

　六　研究结论与讨论　/ 90

第五章 工作与家庭照护对中老年人主观幸福感的影响
　　——基于工作强度差异的分析　/ 94

　一　研究背景与意义　/ 95

　二　文献综述　/ 96

　三　研究问题和假设　/ 102

　四　研究数据与方法　/ 104

　五　分析结果　/ 108

　六　研究结论与讨论　/ 127

第六章　研究结论与政策建议　/ 130

　　一　主要结论　/ 131

　　二　政策建议　/ 134

　　三　研究贡献及未来展望　/ 142

主要参考文献　/ 145

第一章
前言

中国第七次全国人口普查数据显示，2020年中国60岁及以上人口为26402万人，占总人口的比重为18.70%，较2010年第六次全国人口普查增长5.44个百分点，中国人口老龄化程度继续加重，从中度老龄化向深度老龄化迈进。与经济发达国家相比，中国在经济发展程度不高、社会保障制度尚不成熟的情况下面临快速的人口老龄化进程。如何有效应对"未富先老"、实施积极应对人口老龄化国家战略、未雨绸缪利用目前重要的窗口期、科学调整优化相关政策制度，值得深入研究探讨。

一 研究问题

长期以来，在社会科学研究中，中老年人一直被视为家庭照护对象或非正式家庭照护[1]者。然而，在过去几十年里，中国的人口特征和家

---

[1] 非正式家庭照护，也称为家庭照护或非正式照护，是指家庭成员为家庭提供的照顾护理。正式照护是指专业人员提供的照顾护理。例如，祖父母对孙辈的照护是非正式家庭照护。月嫂、育婴师以及幼师在月子中心、托幼机构、幼儿园提供的照顾护理服务，是正式照护；月嫂、育婴师、幼师上门去婴幼儿家庭提供的照顾护理服务，也是正式照护。

庭结构出现了广泛而显著的变化，这深刻影响了中老年人的身份角色。随着中国人均预期寿命延长、生育率下降和人口迁移，中老年人往往同时面临工作和家庭照护的双重责任，甚至相当多的高龄老年人还在继续承担工作与家庭照护的繁重任务，这一现象需要更多学者关注。一方面，中老年人对其家庭和社会的贡献需要得到认识和重视；另一方面，与单纯的责任相加不同，承担工作与家庭的双重责任可能对中老年人造成额外的压力，并对其健康产生负面影响。

近年来，中老年人对于生产性活动的参与更加积极而广泛，不同社会群体的中老年人承担工作和家庭照护责任的情况各不相同。在人的生命早期，性别和社会经济地位，一定程度上塑造了家庭行为，这导致中老年人承担工作和家庭照护的角色各不相同（Flood & Moen，2015）。

性别角色和性别期望，导致中老年人在平衡工作与家庭责任时出现性别差异。例如，男性更倾向于优先进行受雇的有偿劳动，而女性更可能优先进行家庭无偿照护工作（Moen，2013）。同时，由于家庭照护很大程度上由需求决定，中老年群体承担工作和家庭照护的轨迹很可能根据家庭需求的变化而发生改变，例如，年幼孙辈的出生带来新的照护需求，中老年人随之增加照护活动（Liu et al.，2019），且女性更有可能优先成为承担照顾年幼孙辈责任的照护者。

在社会经济地位方面，与城市居民相比，农村居民工作时间更长，往往持续工作到劳动能力严重受限、"干不动"为止；而城市居民即便还有较强的劳动能力，也更有可能在达到一定年龄和工龄后就选择退休。因此，城乡居民在平衡工作和照护责任时可能有不同的考虑（Xu et al.，2021）。

中老年人的家庭经济情况、工作类型（正式工作和非正式工作①）、城乡户籍，影响着他们的社会经济地位，从而影响他们的工作和家庭照护模式。例如，家庭经济情况良好、有正式工作的城市退休老年人，更有可能雇请保姆或购买专业的照护服务，也更有可能不是那么迫切需要受雇于新的工作。

本书以中国为研究背景，中国社会具有紧密的代际团结、高女性劳动参与率、庞大的非正式经济部门、广泛但低水平的社会保障体系等特征（Cai & Cheng, 2014; Ling & Chi, 2008; Wang & Gonzales, 2019）。这些特征对中国中老年人平衡工作与家庭照护有重要影响。紧密的代际团结，导致多代同堂家庭广泛存在、祖父母既需要工作也需要照顾家庭成员，祖父母参与照护孙辈的现象非常普遍（Sun, 2013）。中国中老年女性的劳动参与率很高，同时又承担着照护家庭成员的责任，这意味着中老年女性可能像年轻母亲一样容易受到工作与家庭冲突的影响（Chen et al., 2020）。非正式部门的职工群体人数庞大，但只有较低的收入、福利和有限的医疗保险，这导致他们在老年依然需要继续工作，但与此同时，他们工作时间存在一定程度的灵活性，更有机会兼顾工作和家庭照护（Huang, 2009; Xue et al., 2014）。

总之，中国中老年人承担工作与家庭照护责任的情况复杂而有特殊性，他们所承担的有偿工作和家庭照护之间的边界比较模糊，通常不像经济发达国家那样清晰。这些复杂而特殊的情况，迫切需要研究。正是基于此研究需要，本书以承担工作和家庭照护双重责任的中国中老年人（45—60岁）为研究对象，使用中国健康与养老追踪调查（China Health and Retirement Longitudinal Study, CHARLS, 2011—2018）的最

---

① 正式工作指的是非农业受雇工作，非正式工作指的是农业自雇、农业受雇、非农业家庭企业和非农自雇类工作。非正式工作人员指从事农业自雇、农业受雇、家庭经济和非农自雇类工作的人员，类似于国内外文献中所指的灵活用工人员、非正规就业人员、非正式部门的工作者。

新纵向数据，分析中国中老年人平衡工作和家庭照护责任的现状、原因、后果，希望达到减轻中老年人的工作与家庭照护负担，优化完善中国社会保障制度体系，促进中国中老年人的工作与家庭双赢，实现中老年人全面、平等、均衡发展的研究目标。

二 研究意义

本书研究具有一定的理论价值与现实意义。

（一）理论价值

社会角色理论是本书研究的重要理论基础之一，本书研究能丰富社会角色理论的内涵，增强社会角色理论的解释力。

关于社会角色理论的研究，国内外文献很少立足于中国背景与中国问题，本书对中国中老年人工作与家庭照护角色的研究，有利于填补国内外研究文献的不足。

社会角色理论认为，人们的社会心理和社会行为，是与其社会角色分不开的，人们对于某种角色会有一种公认的期望。角色增强和角色紧张是角色理论的两个重要组成部分。角色增强的观点认为，参与多个社会角色可能对中老年人有益，从而减轻家庭照护带来的压力。与此相反，角色紧张的观点认为，承担多个社会角色，如有偿工作和家庭照护，可能导致角色紧张，从而对工作结果产生负面影响。

承担工作与家庭照护双重责任的结果，并不仅仅是工作和家庭责任两种影响的简单相加。一方面，扮演多重角色可以帮助人们获得更多的社会和经济资源，可以保持社会联系，并实现角色满足感，从而提高他们的幸福感（Moen et al.，1995）。在中国非常重视家庭内部代际团结的背景下，家庭照护的情感回报和对家庭的经济贡献可能更加明显。另一方面，相互冲突的角色期望和不可避免的时间紧缺可能会导致工作与家庭照护之间的冲突，为工作—照护者①带来额外的压力和负面情绪（Goode，1960）。扮演双重角色也意味着繁重的工作和沉重的心理压力，尤其是当工作和照护职责都很重要的时候。

工作与家庭照护之间往往存在此消彼长的关系，两者都是个体日常生活的重要组成部分，但已有的老龄化研究文献大多数侧重于其中一个因素，而将另一个因素置于次要地位，较少同时关注工作与家庭照护这两个因素，较少关注承担工作和照护双重责任的中老年群体，也较少关注双重责任给他们身心健康带来的影响。同时，已有文献很少研究双重责任的性别差异及其健康影响，很少研究在不同社会经济地位、居住安排和工作强度的调节作用下他们的健康影响如何变化。因此，非常有必要以这些中老年群体为研究对象，重新慎重思考社会角色理论的内涵与解释力。正是基于此需要，本书以中国45—60岁的中老年群体为研究对象，使用来自中国健康与养老追踪调查的最新纵向数据，实证分析中国中老年人平衡工作和家庭照护角色的现状、原因与后果，并提出相关政策建议。研究结论能丰富社会角色理论的内涵，增强社会角色理论的解释力，尤其是第五章工作—照护者身份对中老年人主观幸福感存在不同影响的研究，支持了社会角色理论关于角色增强和角色紧张的观点，表明这两种观点可以同时存在，并不是完全冲突。

（二）现实意义

中国中老年人在体力、能力、社会资源分配占有等方面均处于相对

---

① 工作—照护者，指既承担工作责任，又承担家庭照护责任的双重负担者。

弱势地位。低收入、低社会保障水平、低健康水平、高劳动参与率、就业于非正式部门，是许多中老年人的工作生活现状，他们的生存健康问题是社会关注的热点。

2021年3月，全国人大通过《中华人民共和国国民经济和社会发展第十四个五年规划和2035年远景目标纲要》（以下简称"十四五"规划纲要），指出要积极应对人口老龄化，实现人的全面、平等、均衡发展。中国中老年人如何达到"全面、平等、均衡发展"目标？哪些制度可以促进他们全面、平等、均衡发展？中老年人如何平衡工作与生活？如何达到工作与家庭双赢？这些问题迫切需要研究。正是基于此目标需要，本书从"工作与家庭照护角色"的视角来切入，实证分析中国中老年人平衡工作和家庭照护角色的现状、原因与后果，并提出相关政策建议。

本书的研究结论及对策建议，能引起政府、社会对承担工作与家庭照护双重责任的中老年人的关注，能减轻中老年人的工作与家庭照护负担，有利于优化完善中国社会保障制度体系、促进中国中老年人的工作与家庭双赢，从而实现中老年人的全面、平等、均衡发展。因此，本书研究具有重要现实意义，微观上可以引起政府与社会关注、重视中老年人在工作与家庭中的作用，提高中老年人的生活质量，促进中老年人的全面、平等、均衡发展；宏观上能为完善中国社会保障制度体系提供智力支持，这有利于政府与社会积极应对人口老龄化，促进健康老龄化战略有效实施。

三　研究思路与内容

全书共六章，以总述—分论—结论的逻辑思路展开分析，其中第一章为前言，总述研究的必要性、主要内容等；第二、第三、第四、第五章为分论，从不同侧面展开分析；第六章为结语，总述研究结论与政策建议。

具体来说，分论部分的研究思路如下。首先，分析中国中老年人承担工作和家庭照护角色的现状：第二章为现状的概述（与子辈、孙辈同住如何影响中老年人的工作），第三章为现状细分的具体阐述（与孙辈同住开始、结束后如何对中老年人的工作产生不同影响）。其次，分析导致中国中老年人承担工作和家庭照护责任现状的原因：第四章在分析中老年人的角色转换时总结影响老年人角色转换的因素。最后，分析中国中老年人承担工作和家庭照护责任带来的健康后果：第五章分析工作—家庭照护角色对中老年人主观幸福感的影响。

研究思路、内容与方法如图 1-1 所示。

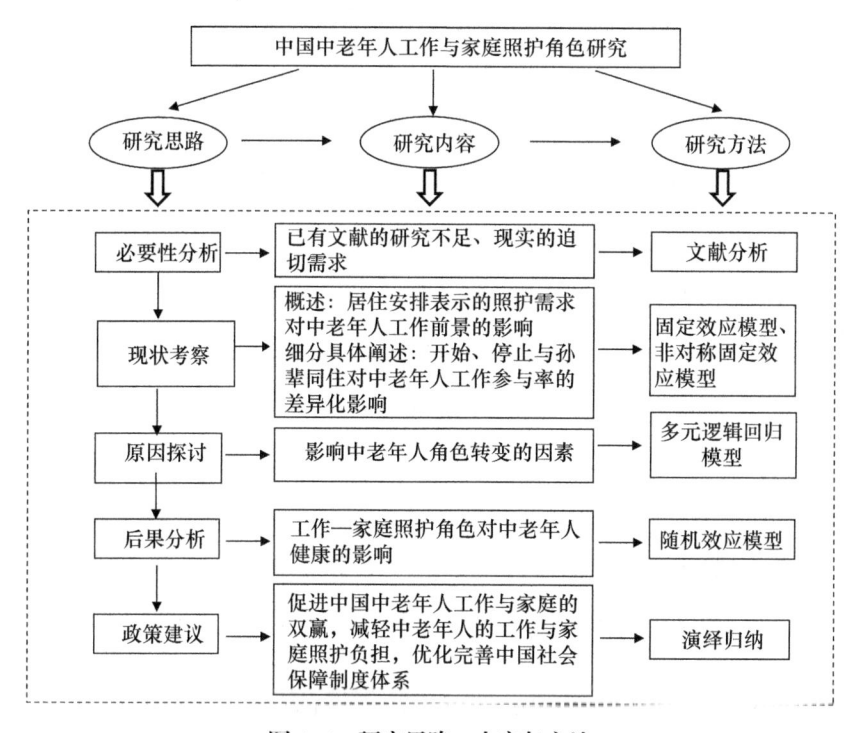

图 1-1 研究思路、内容与方法

各章的主要内容如下。

第一章"前言",从已有文献的研究不足、现实的迫切需求等方面阐述本书的研究问题、研究意义,同时介绍本书的研究目的、研究思路、研究内容与研究方法。

第二章"与孙辈同住对中老年人工作前景的影响",分析中老年人从事有偿工作的普及程度,探讨照护孙辈如何影响其工作前景。工作前景用工作时间、工作状态(是否进入劳动力市场)两个指标来体现。本章使用固定效应模型对中国健康与养老追踪调查的4轮数据进行分析,关注和子辈、孙辈共同居住所代表的照护责任如何影响中老年人的工作状态和工作时间,以及同住的影响是否因居住安排的不同而有所变化。由于传统意义上女性应当承担家庭照护责任而男性应当带来家庭收入,在与孙辈同住时,祖母更可能减少工作时间、退出劳动力市场以照护孙子女,与此相反,祖父更可能增加工作时间、留在劳动力市场以满足家庭经济需求。工作部门也可能影响中老年人在面对照护需求时的工作决策。正式工作往往有着固定的工作时间和工作地点,比如朝九晚五、打卡上下班,而孙子女的照护需求则是不分时间的,需要照护者在家才能满足。在这种情况下,在正式部门工作的祖父母可能不得不选择退出劳动力市场,比如退休,才能照顾好孙子女。而非正式部门的工作者可能拥有更灵活的工作时间和地点,比如自己经营店铺的祖父母可以在看店的同时照顾孙子女,因此减少工作时间、退出劳动力市场的可能性较小。此外,在多代同堂的家庭中,祖父母或许是在帮助子辈进行照护;而在空巢家庭[①]中,祖父母是主要照护者,因此更有可能承担工作和照护的双重责任,而非退出工作、专

---

① 空巢家庭,一般是指子女长大成人后从父母家庭中相继分离出去、只剩下父母一代人独自生活的家庭。此处的空巢家庭是指子女因异地工作等原因没有与父母共同居住,但留下孙辈让父母照护的家庭。

心照看孙辈。

第三章"与孙辈同住情况变化对中老年人劳动力参与的影响",主要分析中国中老年人在与孙辈同住开始、同住结束后的工作是如何被影响的。即研究开始、停止孙辈照护对中老年人劳动力参与的影响,并检验这些影响对于男性和女性的不同。研究使用了中国健康与养老追踪调查的数据,采用了新的非对称固定效应模型,检验与孙辈同住开始、与孙辈同住结束对中国中老年人工作结果的效应差异。由于个人的时间、精力和资源有限,开始照护家庭成员往往对工作参与造成负面影响,对于女性来说尤其如此。由于社会性别角色分工,女性普遍被认为应当优先承担家庭责任,因此与孙辈同住时,祖母更可能停止工作、照顾孙辈。照护的结束也并不一定意味着祖父母能够重返职场。履行照护责任可能会影响工作者资源的积累,例如人脉、专业技术、前沿信息等,再加上年龄的增长、身体机能的衰退,即使在结束与孙辈同住后,祖父母可能也很难重新投入工作。

第四章"中老年人工作与家庭照护角色转变的影响因素",揭示中国中老年人承担工作—家庭照护者双重角色的普遍性,分析他们在工作和照护角色转变的影响因素。中老年人以高龄继续进行工作和家庭照护在中国相当常见,也有相当多的人同时承担两种繁重的责任(Liu & Lou, 2016)。本章利用中国健康与养老追踪调查的 4 轮数据,根据中国中老年人的工作和家庭照护状况,将受访的中老年人分为四类:非工作—非照护者、仅工作者、仅照护者以及工作—照护者。其中仅工作者人数最多,其次是工作—照护者,足见承担工作与家庭双重责任的中老年群体的普遍性。通过关联 4 轮访谈数据,最常见的几种角色转变包括:保持仅工作者、保持工作—照护者、从仅工作者转换到工作—照护者、从工作—照护者转换到仅工作者。本章分析了相对于维持当前角色,有可能造成角色转变的因素,其中特别关注居住安排的作用以及性别和乡村/城市居住地的调节作用。孙辈和父母及配偶父母的存在代表着潜在的照护和经济需求,因此与更高的转入和停留在工作—照护者类别的可能性相关。相反,与成年子女同住可能意味着中老年人可以与其分担照护和经济责任,从而降低了担负或持续双重责任的可能性。

第五章"工作与家庭照护对中老年人主观幸福感的影响",探讨中老年人同时承担有偿工作和家庭照护时主观幸福感的变化。角色紧张观点认为,高强度的工作和照护是造成压力的事件,而长时间暴露于高压中将导致工作—照护者的负担累积,从而造成不利的心理健康结果(Beitman et al., 2004)。然而,角色增强观点认为,当承担多个角色时,个人的资源得到积累,也会带来目标感和满足感,从而提高主观幸福感(Rozario et al., 2004)。这两种似乎相互冲突的理论表明,有偿工作和家庭照护的组合带来的健康后果有利有弊,具体可能因不同组合模式和不同持续时间而异。此外,需要考虑双重负担的强度,因为工作和照护负担与心理健康之间的关联可能是非线性的。因此,本章提出假设,低强度的工作—照护者可能会从双重角色中受益,但高强度的工作—照护者可能会遭遇不利的健康后果。社会经济地位和社会孤立程度也可能调节工作—照护者角色对主观幸福感的影响:高社会经济地位代表了充足的社会资源,而低社会孤立程度表示个体可以获得社会支持,从而缓解个体受到压力的负面影响。

第六章"研究结论与政策建议",总结归纳全书的主要观点、研究贡献、未来研究展望,并提出相关政策建议。希望这些建议能促进中国中老年人有效平衡工作与家庭,减轻中老年人的工作—照护负担,为完善中国社会保障制度体系提供智力支持。

综上所述，本书旨在全面了解在有偿工作和非正式照护之间的边界通常不像经济发达国家那样清晰的发展中国家肩负双重责任的中老年群体。具体而言，本书有三个研究目标：其一，探讨照护责任与工作前景之间的关系，特别关注对孙辈照护的影响；其二，研究人们在工作者、照护者和工作—照护者角色之间的转变；其三，估计有偿工作和非正式照护的双重负担对主观幸福感的影响。

四 数据来源与研究方法

本书使用来自中国健康与养老追踪调查的最新纵向数据。此调查数据源于北京大学国家发展研究院中国经济研究中心主持的项目，数据覆盖150个县级单位，450个村级单位，约1万户家庭中的1.7万人，是代表中国45岁及以上中老年人家庭和个人的微观数据，包含全国代表性的45岁及以上人口的纵向样本，具有中老年人受访者的详细信息，包括社会人口学因素、健康状况、幸福感、工作轨迹和照护责任等。CHARLS全国基线调查开始于2011年，数据每两到三年追踪一次，调查结束一年后，数据对学术界开放。因疫情影响，目前最新公开的是2018年数据。

本书利用了多种定量研究方法，其中第二、第三、第四、第五章所运用的方法不同，各章研究方法的具体情况如下（参见图1-1）。

第二章使用固定效应模型分析与子辈、孙辈同住如何影响中老年人的工作前景。

第三章采用了非对称固定效应模型，检验与孙辈同住开始、与孙辈同住结束对中国中老年人工作结果的效应差异。

第四章运用多元逻辑回归模型分析中国中老年人承担工作—照护者双重角色的普遍性及影响角色转变的因素。

第五章运用随机效应模型探讨中老年人同时承担有偿工作和家庭照护时生活满意度和抑郁程度的变化。

第二章

与孙辈同住对中老年人工作前景的影响
——基于性别、工作类型差异的分析

关于中国祖父母的文献主要集中在祖父母作为家庭照护接受者或家庭照护提供者上。但值得注意的是，由于普遍的结婚期望和较早的婚育年龄，许多中老年人在四五十岁时就成为祖父母，并尝试在继续工作的情况下平衡工作与家庭的责任。本章基于中国健康与养老追踪调查的数据（2011—2018），探讨了与孙辈共同居住如何影响祖父母的工作前景。工作前景用工作时间、工作状态（是否进入劳动力市场）两个指标来体现。本章使用固定效应模型进行分析，分析结果显示：与孙辈共同生活增加了非正式部门女性工作者的工作时间；对于在正式部门工作的女性来说，与孙辈同住会对她们的劳动参与率产生负面影响。此外，与多代同堂的家庭相比，空巢家庭的祖父母减少工作的可能性更小，这意味着他们更可能承担工作和照护的双重负担，而非退出工作、专心照顾孙辈。本章强调祖父母作为工作者积极参与生产性活动，并阐述了工作和照护对于祖父和祖母在动态的家庭背景下的不同意义。

一 研究背景与意义

关于祖父母的研究大多将他们视为被照护者，最多是为家庭成员提供非正式家庭照护的照护者。然而，许多祖父母在承担作为祖辈的家庭责任的同时依然持续进行着有偿工作。面对加速的老龄化进程，中国政府计划调整退休政策，逐步提高退休年龄。在这样的情况下，祖父母可能也会面对和中年父母相似的困境：在保持职业工作的同时，承担照护年青一代的责任。面对来自工作和照护的双重压力，他们可能会制定各种应对策略，以更好地满足工作职场和家庭照护的需求。具体应对措施可能受到许多因素的影响，包括性别、家庭结构、工作部门、社会经济地位等。

尽管公众越来越关注法定退休年龄的延迟，并根据祖父母继续工作将减少其照护孙辈的精力，从而使子辈不得不减少工作参与以承担照护责任的逻辑，分析延迟退休对中年女性劳动参与率的影响，但目前为止，较少研究直接讨论照护孙辈如何影响祖父母的工作前景。本书基于中国健康与养老追踪调查在2011年到2018年收集的4轮纵向数据，探讨了与孙辈共同居住如何影响祖父母的劳动力参与和工作时间。利用固定效应模型，本章分析了中老年人与孙辈共同居住在不同居住安排下的作用以及在不同性别和工作部门情况下的差异。

二 文献综述

(一) 生命历程理论的理论框架

生命历程理论为理解个人的职业发展路径和家庭生活之间的相互联系提供了重要框架。根据生命历程理论的观点,个人的生命经历和选择是由历史事件、社会结构和个人意志综合形成的(Elder,1994)。家庭生活,是人们整个生命历程的一个重要方面。联系生活(linked life)的观点进一步强调了个人生活在广泛的社会网络中的相互联系,该观点认为作为个体的人在成长过程中逐渐被嵌入庞大的社会关系网络中,这个网络包括父母、孩子、恋人、朋友和其他人(Carr,2018)。这些社会关系影响着个人的决定和行动,包括工作方面的调整和变动。对于中老年人来说,成为祖父母无疑是生命历程中的重要事件。随着年龄的增长,他们中的许多人会成为祖父母,而孙辈的出现会对他们的职业决策和劳动力投入产生重大影响。孙子女的到来可能会导致他们调整工作安排,比如选择退休、更换岗位或减少工作时间,以更好地满足照护和教育孙子女的需求。

(二) 多代家庭及中老年工作在中国的普遍性

祖父母是中老年人所拥有的特殊角色之一,成为祖父母也是人生中相当重要的经历,然而祖父母对于孙辈生活的参与因人而异,从偶尔的拜访到朝夕相处都有。祖父母的身份和责任无疑是由其文化背景及相关的规范性家庭制度所塑造的。例如,虽然大多数美国祖父母享受独立生活,但当代中国许多祖父母更偏爱多代同堂的家庭生活,与子女、孙子女共同居住也是较为普遍的居住安排，这体现了中国文化高度强调代际团结的特点（Luo et al.，2012；Wang et al.，2019）。最近关于中国祖父母的研究文献绝大多数都集中在祖父母作为孙辈照护者的角色上（Chen & Liu，2012；Cong & Silverstein，2012；Ko & Hank，2014）。然而，并不是所有家庭中的孙辈都是需要照顾的婴儿或学前儿童。相当多的祖父母有同住的学龄儿童或更年长的孙子女（He et al.，2018；Ruiz & Silverstein，2007）。虽然在部分家庭中祖父母确实是主要的照护者，但在其他家庭中，祖父母可能只是作为父母的辅助提供帮助，偶尔参与家庭照护，抑或接受孙子女的照护。

事实上，祖父母可以同时扮演不同的角色。本章的目的是探讨祖父母作为工作者的情况，他们通过参加有偿工作对家庭经济做出积极的贡献。在中国，不论城乡，中老年人成为祖父母的时间都较早：在 55 岁时，城市居民成为祖父母的可能性为 60%，农村居民成为祖父母的可能性为 80%（Zhang et al.，2018）。尽管正式部门的法定退休年龄也较早①（男性 60 岁，女性 50 岁或 55 岁），但祖父母仍然有大约 10 年的时间处于全职工作阶段，对于选择推迟退休的群体来说，同时担负工作和孙辈照护的时间更长（Cai & Cheng，2014）。对于养老金有限的老年人来说，工作往往是保障经济安全的必要条件（Giles et al.，2013；Pozen，2013；Zhao & Mi，2019）。此外，中国经济的很大一部分存在于非正式部门，如小型私营企业、个体经营和农业活动（Huang，2009；National Bureau of Statistics of China，2017；Xu et al.，2021）。在这种情况下，只有一小部分人能在到达法定退休年龄后停止工作，而更多的人需要持续工作到六七十岁（Benjamin et al.，2003；Giles et al.，2011）。

---

① 2024 年 9 月，全国人大通过《全国人民代表大会常务委员会关于实施渐进式延迟法定退休年龄的决定》，逐步将男职工的法定退休年龄从原六十周岁延迟至六十三周岁，将女职工的法定退休年龄从原五十周岁、五十五周岁分别延迟至五十五周岁、五十八周岁。

有大量研究关注父母们如何权衡工作和育儿，特别是育儿对母亲劳动力参与的影响。类似的权衡同样可能出现在祖父母的工作与照护之间。对于中国的年轻夫妇来说，与父母同住是很常见的情况，孩子通常出生在几代同堂的家庭中（Korinek et al., 2011; Yasuda et al., 2006）。因此，年轻夫妇对财务成本和机会成本的计算也适用于祖父母。与欧美社会背景下祖父母在抚养孙子女的责任上模糊的角色期待不同，中国的祖父母，尤其是那些与孙辈共同生活的长辈，他们对家庭的经济和照护责任无疑是突出而明确的，必须纳入家庭决策过程（Cheng, 2019）。

（三）关于照护孙辈对中老年祖父母工作影响的研究

随着孙子女的出生，祖父母往往会肩负起照护孙辈的责任。然而，把工作和照护孙子女结合起来可能会产生问题。研究一致发现照护责任与有偿就业之间存在负相关关系（Berecki-Gisolf et al., 2008; Carmichael & Charles, 2003）。角色紧张理论研究了照护孙辈对老年工作者的影响。这种影响最初被定义为"在履行角色义务方面感到困难"（Goode, 1960）。在Scharlach的著作中，他进一步讨论了角色紧张的两种主要类型：角色需求超载和感知角色不足（Scharlach, 1987, 1994; Scharlach et al., 1991）。角色需求超载与缺乏足够的时间、精力和资源来履行多个角色义务的感觉有关。感知角色不足意味着一个人的行为不符合角色表现的期望。这两种情况都可能发生在年迈的祖父母和孙辈之间。面对照护者角色和工作者角色的双重负担，老年人选择减少或退出工作是合理的（Carmichael et al., 2010）。例如，一项针对中国制造公司员工的研究发现，照护时间每增加一小时，受访者经历负面就业后果的可能性就会增加5%，包括不得不频繁休假、考虑辞职、考虑换工作和考虑提前退休（Pei et al., 2017）。

与护理工作有关的健康问题也导致劳动—照护者的劳动力供应减少。研究人员发现，照护者的身心健康状况往往比不提供照护的人更差（Ma et al., 2022; Pinquart & Sörensen, 2003），而健康状况不佳也降低了劳动力参与率，特别是在老年人和女性中（Cai & Kalb, 2006）。然而，考虑到照护孙辈的工作虽然疲惫，但同时也能带来满足感，它对心理健康的影响可能是"喜忧参半"的。Wang 和 Gonzales（2019）使用横断面数据集进行研究，其结果表明，较高的孙辈照护强度与更多的抑郁症状相关，但较长的照护时间与中国老年祖父母抑郁症状较少相关。

然而，Sun（2013）不同意时间稀缺导致的工作和照护的零和假设。她发现，中国老年人并没有放弃外出工作来专门照护孙辈；相反，他们同时做这两件事，从而增加了总体的劳动负担，这与角色约束的观点是一致的。

除了护理需求的增加，孙辈的出现也可能导致经济需求的增加，这可能会鼓励老年人继续工作。中国的老年人经常感到对未婚子女或孙辈有很强的经济责任（Tong et al., 2019）。为了弥补成年子女可能出现的财政赤字，他们往往会积极参加劳动，直接为家庭收入做出贡献。近年来，抚养孩子的要求比以往任何时候都高。与前独生子女政策时代的国家期望不同，在低生育率时代，孙辈更被期望拥有高水平的教育和优质的人力资源（Riley, 2018）。许多研究调查了中国独生子女一代的密集父母投资，强调父母试图创造允许孩子成功的社会、经济和文化条件（Hanser & Li, 2017; Kuan, 2015）。如果祖父母觉得自己养育孩子的方式已经过时了，也不完全是成年子女想要的，他们可能会选择在经济上做出贡献。

在没有子辈的家庭中，祖父母的照护和工作责任都可能更重。在农村，随着年轻人到城市工作，许多"留守儿童"和祖父母住在一起。2005年，这样的空巢家庭占了农村家庭的1/4以上（Sun，2013）。在这些家庭中，祖父母的角色和价值得到了加强，他们身上的负担也相应变得更沉重。

综上所述，关于孙辈对祖父母劳动力参与的影响存在着相互竞争的假设。在照护孙辈的需求存在的情况下，中老年人会倾向于参与照护，但在重视代际团结和支持的社会中，他们的工作量不一定会减少。在本书中，笔者超越了将中老年人视为单一角色——护理接受者或提供者的传统观点；相反，通过强调祖父母是积极的工作者，认为他们也可能像年轻父母一样面对照护和工作的双重负担，并相应调整工作，以适应新家庭成员的需要。

（四）关于性别与工作类型调节作用的研究

在同时承担工作者和孙辈照护者责任的情况下，男性和女性可能会采取不同的应对方式。Beitman和同事们（2004）采用角色应变理论框架，认为男性和女性老年工作—照护者的角色应变模式是不同的，在职女性比在职男性显示出更高的压力水平，也更难管理时间和日程安排。在提供照护方面，女性会在基本的自我照护和家务方面提供更多的帮助，并且更频繁地探望被照护者，所以她们能从事其他活动的时间更少，导致了压力的上升和时间管理的困难。他们的发现也与之前的研究相呼应，表明女性似乎不如男性能够将自己的情绪与工作、照护的责任分开，据此，由于照护的责任，女性承受了更高程度的压力（Barnes et al.，1995；Kramer & Kipnis，1995）。因此，女性工作—照护者可能会通过减少劳动力市场参与或减少照护责任的方式，来减少她们与压力源（工作、家庭照护）的接触，前者更常见，因为这种调整符合传统家庭主妇的性别角色。此外，与男性相比，女性工作—照护者的收入更低，工作条件更差。例如，不友好的工作场所文化、不灵活的时间表和更少的带薪假期，这可能会进一步降低她们对劳动力市场的依恋，降低她们削减劳动力支持的机会成本（Lahaie et al.，2013；Mitrani et al.，2008）。

工作的性质也影响老年人如何调整自己的活动，以满足照护和工作的需求。不灵活的工作时间表可能会成为在职照护者的障碍，当孙子女需要密切关注或希望立即满足他们的需求时，祖父母往往会因为无法离开工作而错过时机。研究发现，灵活的工作时间可以有效地确保祖父母兼顾工作与家庭，受雇的祖父母能照护家庭又保留工作并获得所需的收入，而缺乏这种灵活性则使祖父母照护家庭时无法继续保持同一强度工作或继续从事有偿工作（Dembe et al.，2008；Jorgensen et al.，2010；Katz et al.，2011）。此外，带薪休假和工作单位领导的支持抵消了照护的部分或全部负面影响，特别是对女性（Earle & Heymann，2011）。与正式部门的工作相比，包括自营职业和家庭生意在内的非正式部门工作具有更高的灵活性，但工资可能较低，受劳动法的保护较少，获得支持服务的机会也较少。大多数现有的研究都是在雇员中进行的，对非正式部门工作人员的反应缺乏详细的讨论。在本书中，笔者扩展了之前的研究，强调了在中国这样人口众多、非正式部门工作人员占多数、有偿工作和家庭照护之间界限较为模糊的发展中国家的背景下，如何理解工作和家庭照护的关系。

三 研究目标

与许多祖父母通常在抚养孙辈方面扮演次要角色的西方文化背景不

同，本书旨在通过强调中国祖父母在孙辈生活中的重要地位，特别是那些与孙辈同住的祖父母的重要作用，来扩展当前关于老年人积极老龄化的研究，呼吁理解和重视他们除照护者和被照护者之外的角色。笔者探讨了老年人的工作前景如何适应年轻一代的护理需求，并进一步研究了一系列社会人口因素如何影响劳动力供应。最重要的是，笔者认为在工作和育儿文献中，对祖父母工作的理解，需要有更多更充分的研究。本书中的工作前景用工作时间、工作状态（是否进入劳动力市场）两个指标来体现。

本书的目标是以下问题。

1. 中国老年人的工作和照护责任有什么特点？

2. 中国老年人的工作在多大程度上受孙辈在家中存在（作为孙辈照护需求的表现）的影响？

3. 孙辈效应在多大程度上为成年子女的存在所缓解或加剧？

4. 中老年工作者的应对，在性别和工作类型上有何不同？

笔者根据角色紧张视角，假设为了满足孙子女的需求，祖父母倾向于减少工作量，并且不太可能留在劳动力市场（H1-a）。然而，在抚养孩子的成本急剧上升和年轻一代教育方式改变的社会中，祖父母也可能增加他们的工作供应，以便在经济上为家庭做出贡献（H1-b）。

此外，祖父母的工作前景作为对家庭需求的回应可能因家庭结构而异。当父母迁移到城市并留下年幼的孩子时，老一代祖父母可能会充当监护人，同时面临经济和照护的挑战，特别是在汇款不足的情况下（Silverstein et al., 2006）。因此，笔者假设，与多代家庭相比，祖父母工作变化的幅度在空巢家庭中更大（H2）。

考虑到家庭和社会生活中普遍存在的性别差异，笔者进一步比较了老年女性和男性对家里有孙子女的反应。就像有育儿需求的母亲和父亲由于文化期望和机会成本的差异而不同地调整工作量一样（Lumsdaine & Vermeer，2015），笔者假设祖母更有可能退出劳动力市场或减少工作时间（H3），而祖父的劳动力参与保持稳定或增加（H4）。

祖父母的就业性质是至关重要的，因为不同工作性质带来了不同的可用选择。正式部门的职工有着严格的时间表，可以在达到法定退休年龄之前选择提前退休，因此他们面对的更多是继续工作或退出劳动力市场的二元选择（H. Li et al.，2016）。因此，笔者假设对正式部门工作者的影响是劳动力参与率下降，而不是工作时间减少（H5）。相比之下，非正式部门可以通过减少工作时间（H6）为祖父母提供更大的灵活性，使他们能够平衡工作和家庭责任。

四 研究数据与方法

（一）数据来源与研究样本

本书使用了中国健康与养老追踪调查的 4 轮数据，这是一项对 45 岁及以上的中国居民及其配偶的全国代表性样本进行的两年一次的纵向调查。2011 年，CHARLS 对中国 28 个省 150 个县的 17708 名居民进行了基线调查，回复率超过 80%。基线调查时受访者的平均年龄为 59.1 岁；其中约 78% 为农村居民，22% 为城市居民。本章分析仅限于 45 岁及以上且至少在 4 次访谈中工作过一次的受访者，汇总样本包括 61460 人——年的观察结果。笔者排除了缺失数据的观察值，这导致样本容量缩小：目前是否工作中存在 3243 个缺失值，是否与成年子女共同居住中存在 966 个缺失值，包括日常生活能力量表、婚姻状况和家庭总资产在内的协变量中存在 4084 个缺失值。在排除数据缺失的样本后，分析样本包含来自 10428 个人的 43706 个——年样本。每次访谈的样本量分别为 2011 年 10531 个、2013 年 9103 个、2015 年 11246 个、2018 年 12826 个。

(二) 变量定义及测量

1. 因变量

本章的主要目的是探讨居住安排对老年人工作前景的影响，后者是通过劳动力参与和每周平均工作时间来衡量的。劳动力参与是一个二元变量，表明被调查者在过去一年中是否从事任何工作。如果被调查者失业、退休或从未工作过，则按其劳动力状态赋值为 0。另一个变量，每周平均工作时间，表示受访者在过去一年中每周工作的小时数，是主要工作和其他工作的总和。基线时因变量、自变量和控制变量的描述性统计见表 2-1。超过 80% 的受访者在 2011 年平均每周工作时间为 46.14 小时。

2. 自变量

家庭结构通过两组自变量来衡量。笔者使用第一组二元变量（是否有共同居住的孙子女和是否有共同居住的成年子女）来检验与成年子女、与孙辈生活在一起的影响。第二组变量借用了 Silverstein 及其同事们（2006）的分类方式，构造了四种类型的居住安排：没有同住的孙辈和成年子女（孤立家庭），有同住的孙辈但没有同住的成年子女（空巢家庭），既有同住的孙辈又有子女（多代家庭），只有同住的成年子女（截断家庭）。这样做的目的是强调居住安排的作用，因为在多代家庭中，育儿任务可以在几代人之间分担，但在空巢家庭中，主要由祖父母承担（Chen et al., 2011）。描述性统计数据显示，超过 1/3 的受访者与孙辈同住，约 2/3 的受访者与成年子女同住。在居住安排方面，

7%的受访者的家庭属于空巢家庭，而29%的受访者的家庭属于多代家庭。

3. 控制变量

控制变量包括人口统计变量，如受访者的年龄、性别（女性标记为1）和婚姻状况（已婚或同居标记为1，其他标记为0）。健康状况受到控制，因为它们既影响工作能力，也影响照护能力。研究退休的文献经常使用主观健康和客观健康（Eibich，2015）。一个人的自评健康，从1（非常好）到5（非常差），代表了他们的主观健康。客观健康包括两个变量：五项日常活动（洗澡、穿衣、吃饭、上下床和上厕所）的困难程度，以及他们在采访时是否患有慢性疾病（糖尿病、癌症、肺病、心脏病和中风），若存在其中任何一种慢性疾病则赋值为1。在社会经济地位方面，户口状态（农业户口标记为1）、居住地（居住在农村地区标记为1）和受教育程度（初中及以下、高中及中专、大专及以上）被用于描述性统计，但由于它们很少随时间变化而被排除在回归统计之外。目前的工作类型（农业受雇、农业自雇、非农业受雇、非农业自雇、非农业家庭企业）也被呈现出来，以显示中老年人普遍的劳动力参与情况。家庭资产，即包括金融机构的现金和存款的总价值，其四分位数用于描述性统计和回归。描述性统计表显示，基线时平均年龄为56.83岁，48%的受访者是女性，86%的受访者拥有农业户口，69%的受访者居住在农村地区。自评健康的平均值为2.97，表明受访者的健康状况相对较好，21%患有慢性病。从工作类别来看，51%的受访者从事农业雇用工作，而只有22%的受访者从事非农业受雇工作。89%的受访者受教育程度在初中及以下。

（三）分析方法

个体水平的固定效应模型用于控制未观察到的、不随时间改变的个体异质性，例如对工作的偏好超过对照护的偏好。笔者利用两步框架，首先计算受访者是否会留在劳动力市场，然后在那些继续工作的人中，计算他们每周将工作多少小时。笔者从总样本开始，然后按性别分别计算，最后按性别和正式部门或非正式部门的工作进行分层。曾经从事非农业受雇工作的受访者被纳入正式部门组。非正式部门的参与者则包括从事农业受雇、农业自雇、非农业自雇以及非农业家庭企业的受访者。正式部门和非正式部门是相互排斥的。在其他分类中，笔者试图将正式部门定义为那些参加了除农业以外的就业的人，或者将受访者分为三类，正式、非正式和改变过部门。由于结果没有显著差异，笔者采用上述二分法进行区分。

表 2-1　　　　CHARLS 2011 年基线数据的描述性统计

变量	平均数/百分比	标准误
进行有偿工作（是=1）	0.82	0.38
周均工作时长（小时）	46.14	23.43
与孙子女同住（是=1）	0.36	0.48
与成年子女同住（是=1）	0.64	0.48
居住情况		
孤立家庭（没有共同居住的子女和孙子女）	0.29	0.45
空巢家庭（仅与孙子女同住）	0.07	0.26
截断家庭（仅与成年子女同住）	0.34	0.48
多代家庭（与子女及孙子女同住）	0.29	0.45
年龄	56.83	8.18
性别（女性=1）	0.48	0.50
户口（农业户口=1）	0.86	0.34
居住在农村地区（是=1）	0.69	0.46
日常生活能力量表中存在困难的总数	0.20	0.66

续表

变量	平均数/百分比	标准误
自评健康（非常好=1，非常差=5）	2.97	0.89
患有慢性疾病（是=1）	0.21	0.41
婚姻状况（已婚或同居=1）	0.91	0.28
工作类别		
农业受雇	0.04	0.18
农业自雇	0.47	0.50
非农受雇	0.22	0.41
非农自雇	0.08	0.28
非农家庭企业	0.02	0.14
未在工作	0.18	0.38
受教育程度		
初中及以下	0.89	0.31
高中及中专	0.09	0.29
大专及以上	0.01	0.11
家庭资产四分（由低到高）		
25%及以下	0.26	0.44
26%—50%	0.24	0.43
51%—75%	0.24	0.43
76%—100%	0.25	0.44
N	10531	

五　研究结论与讨论

（一）数据分析与结论

表2-2显示了对总样本的回归结果。模型1、模型2为以是否有偿

工作为因变量的逻辑回归模型,模型3、模型4为以每周平均工作时长为因变量的线性回归模型。模型1和模型2表明:与孙辈同住不会影响继续工作的可能性,而与成年子女同住预计会使继续工作的概率降低约16.8%(对数概率为-0.184)。模型3显示,在控制模型中所有其他协变量的情况下,与孙辈同住增加了0.88小时的工作时间,与成年子女同住减少了0.82小时的工作时间。模型4表明,与并未与成年子女和孙辈同住的受访者相比,进入空巢家庭和多代家庭的受访者在工作时间上没有差异,而截断家庭的受访者平均每周工作时间减少了0.96小时。

表2-2 对于工作前景的固定效应模型结果,所有样本,CHARLS 2011—2018

变量	进行有偿工作(是=1)		周均工作时长(小时)	
	模型1	模型2	模型3	模型4
	对数概率	对数概率	回归系数	回归系数
	(标准误)	(标准误)	(标准误)	(标准误)
与孙子女同住(是=1)	-0.016		0.875*	
	(0.046)		(0.424)	
与成年子女同住(是=1)	-0.184***		-0.815*	
	(0.043)		(0.386)	
居住情况(参照组=没有共同居住的子女和孙子女)				
空巢家庭		0.068		0.486
		(0.077)		(0.678)
多代家庭		-0.209***		0.111
		(0.059)		(0.550)
截断家庭		-0.157***		-0.956*
		(0.047)		(0.430)
年龄	-0.093***	-0.093***	-1.060***	-1.061***
	(0.006)	(0.006)	(0.057)	(0.057)

续表

变量	进行有偿工作（是=1）		周均工作时长（小时）	
	模型1	模型2	模型3	模型4
	对数概率	对数概率	回归系数	回归系数
	（标准误）	（标准误）	（标准误）	（标准误）
婚姻状况（已婚或同居=1）	0.407***	0.407***	2.940*	2.930*
	(0.108)	(0.108)	(1.243)	(1.243)
日常生活能力量表中存在困难的总数	-0.149***	-0.149***	-0.556	-0.550
	(0.023)	(0.023)	(0.294)	(0.295)
自评健康	-0.151***	-0.152***	-0.644**	-0.645**
	(0.023)	(0.023)	(0.210)	(0.210)
患有慢性疾病（是=1）	-0.267***	-0.267***	-0.834	-0.839
	(0.062)	(0.062)	(0.577)	(0.578)
家庭资产四分（参照组=25%及以下）：				
26%—50%	0.202***	0.201***	-1.335**	-1.332**
	(0.048)	(0.048)	(0.461)	(0.461)
51%—75%	0.225***	0.222***	-0.990*	-0.986*
	(0.053)	(0.053)	(0.496)	(0.496)
76%—100%	0.312***	0.310***	0.034	0.039
	(0.063)	(0.063)	(0.559)	(0.559)
Constance			104.877***	105.002***
			(3.730)	(3.734)
N	43706	43706	35383	35383

注：标准误以括号标注。*** $p<0.001$，** $p<0.01$，* $p<0.05$。

考虑到生活安排对工作前景的影响可能因性别而异，笔者将男性和女性分开，重新运行了模型。结果如表2-3所示。孙辈的存在对男性或女性的工作前景没有统计学上显著的影响。然而，与成年子女同住预计会使男性的工作时间减少1.17小时。此外，与成年子女共同居住预计会使男性和女性继续工作的概率分别降低25.6%和10.9%。从居住安排的角度来看，与没有共同居住的子女和孙辈的人相比，截断家庭的男性和女性继续工作的概率预计会分别降低23.8%和20.3%。

基于在职者调整工作量和时间表的灵活性可能有不同的假设，研究进一步按照正式部门和非正式部门对受访者进行分类。非正式部门工作者的回归结果见表2-4。对于男性来说，与孙辈同住对他们继续工作的概率和工作时间没有显著影响。相比之下，与成年子女同住会减少男性工作的机会和工作时间。有趣的是，孙辈并没有加速女性退出劳动力市场，有了孙辈后，女性每周的工作时间甚至增加了1.39小时。相比于没有与成年子女和孙辈同住的女性，截断家庭继续工作的可能性更小，而生活在多代家庭中的女性甚至更不可能继续工作。

表2-5列出了正式部门工作者的分析结果。男性的工作时间受共同居住的子辈和孙辈变化的影响不显著，但同住的成年子女预计会使他们继续工作的概率降低22.8%。这与居住安排的发现是一致的，即只有成年子女的家庭中，男性工作的可能性比没有子辈、孙辈的家庭低22.4%。与此相反，对于女性来说，祖母身份与其劳动力供给之间存在明显的负相关关系。与孙辈同住预计会显著降低她们工作的概率(28.0%)。然而，居住安排的变化却没有呈现出类似的模式。

就控制变量而言，正如预期的那样，无论性别和就业部门，年龄较大和健康状况较差都与工作概率较低、工作时间较短有关。与未婚或丧偶的工作者相比，那些已婚或同居的工作者工作的可能性更高，工作时间更长，这可能是因为他们更健康，或者不太可能由成年子女照护。

(二) 讨论

尽管经济改革和政府政策极大改变了传统的家庭文化和结构，代际团结仍然是中国家庭生活的重要方面之一。本章增加了对祖父母作为工作者对家庭的贡献的理解，他们根据生活安排的变化调整他们的工作计划。

表2-3　对于工作前景的固定效应模型结果，分性别，CHARLS 2011—2018

<table>
<tr><th rowspan="3"></th><th colspan="4">男</th><th colspan="4">女</th></tr>
<tr><th colspan="2">进行有偿工作（是=1）
模型1</th><th colspan="2">周均工作时长（小时）
模型3</th><th colspan="2">进行有偿工作（是=1）
模型5</th><th colspan="2">周均工作时长（小时）
模型7</th></tr>
<tr><th>对数概率</th><th>（标准误）</th><th>回归系数</th><th>（标准误）</th><th>对数概率</th><th>（标准误）</th><th>回归系数</th><th>（标准误）</th></tr>
<tr><td>与孙子女同住（是=1）</td><td>0.119</td><td>(0.074)</td><td>1.023</td><td>(0.578)</td><td>-0.103</td><td>(0.058)</td><td>0.662</td><td>(0.623)</td></tr>
<tr><td>与成年子女同住（是=1）</td><td>-0.295***</td><td>(0.069)</td><td>-1.172*</td><td>(0.522)</td><td>-0.115*</td><td>(0.055)</td><td>-0.377</td><td>(0.572)</td></tr>
<tr><td colspan="9">居住安排（参照组=没有共同居住的子女和孙子女）</td></tr>
<tr><td>空巢家庭</td><td>0.192</td><td>(0.126)</td><td>1.326</td><td>(0.934)</td><td>-0.011</td><td>(0.098)</td><td></td><td></td></tr>
<tr><td></td><td></td><td></td><td></td><td></td><td></td><td></td><td>-0.441</td><td>(0.987)</td></tr>
<tr><td>多代家庭</td><td>-0.184</td><td>(0.095)</td><td>-0.190</td><td>(0.749)</td><td>-0.083</td><td>(0.061)</td><td>-0.799</td><td>(0.643)</td></tr>
<tr><td>截断家庭</td><td>-0.272***</td><td>(0.076)</td><td>-1.067</td><td>(0.580)</td><td>-0.227**</td><td>(0.075)</td><td>0.424</td><td>(0.812)</td></tr>
</table>

续表

	男				女			
	进行有偿工作（是=1）		周均工作时长（小时）		进行有偿工作（是=1）		周均工作时长（小时）	
	模型1	模型2	模型3	模型4	模型5	模型6	模型7	模型8
	对数概率（标准误）	对数概率（标准误）	回归系数（标准误）	回归系数（标准误）	对数概率（标准误）	对数概率（标准误）	回归系数（标准误）	回归系数（标准误）
年龄	-0.115*** (0.010)	-0.115*** (0.010)	-0.952*** (0.077)	-0.951*** (0.077)	-0.079*** (0.008)	-0.079*** (0.008)	-1.202*** (0.086)	-1.203*** (0.086)
婚姻状况（已婚或同居=1）	0.679*** (0.198)	0.678*** (0.198)	3.968 (2.070)	3.964 (2.070)	0.324* (0.130)	0.325* (0.130)	1.880 (1.567)	1.832 (1.568)
日常生活能力量表中存在困难的总数	-0.207*** (0.040)	-0.208*** (0.040)	-0.472 (0.460)	-0.475 (0.460)	-0.116*** (0.029)	-0.118*** (0.029)	-0.590 (0.384)	-0.571 (0.384)
自评健康	-0.173*** (0.036)	-0.174*** (0.036)	-0.775** (0.284)	-0.773** (0.284)	-0.130*** (0.030)	-0.131*** (0.030)	-0.499 (0.311)	-0.498 (0.311)
患有慢性疾病（是=1）	-0.369*** (0.098)	-0.371*** (0.098)	-0.229 (0.787)	-0.225 (0.787)	-0.192* (0.081)	-0.191* (0.081)	-1.496 (0.851)	-1.507 (0.851)
家庭资产四分（参照组=25%及以下）								
26%—50%	0.188* (0.075)	0.187* (0.075)	-2.040** (0.634)	-2.043** (0.634)	0.216*** (0.062)	0.215*** (0.062)	-0.548 (0.671)	-0.542 (0.671)

续表

	男				女			
	进行有偿工作（是=1）		周均工作时长（小时）		进行有偿工作（是=1）		周均工作时长（小时）	
	模型1	模型2	模型3	模型4	模型5	模型6	模型7	模型8
	对数概率（标准误）	对数概率（标准误）	回归系数（标准误）	回归系数（标准误）	对数概率（标准误）	对数概率（标准误）	回归系数（标准误）	回归系数（标准误）
51%—75%	0.269** (0.083)	0.266** (0.083)	-1.372* (0.673)	-1.374* (0.673)	0.203** (0.070)	0.200** (0.070)	-0.598 (0.734)	-0.580 (0.734)
76%—100%	0.398*** (0.098)	0.396*** (0.098)	-0.162 (0.752)	-0.167 (0.752)	0.263** (0.082)	0.260** (0.082)	0.180 (0.837)	0.185 (0.837)
Constant			100.806*** (5.116)	100.710*** (5.122)			110.226*** (5.524)	110.560*** (5.528)
N	22420	22420	18983	18983	21286	21286	16400	16400

注：标准误以括号标注。*** $p<0.001$，** $p<0.01$，* $p<0.05$。

第二章 与孙辈同住对中老年人工作前景的影响

表2-4 对于工作前景的固定效应模型结果，分性别及工作类别，非正式部门，CHARLS 2011—2018

	男				女			
	进行有偿工作（是=1）		周均工作时长		进行有偿工作（是=1）		周均工作时长（小时）	
	模型1	模型2	模型3	模型4	模型5	模型6	模型7	模型8
	对数概率	对数概率	回归系数	回归系数	对数概率	对数概率	回归系数	回归系数
	(SE)	(SE)	(SE)	(SE)	(SE)	(SE)	(SE)	(SE)
与孙子女同住（是=1）	0.088		0.455		−0.031		1.394*	
	(0.093)		(0.780)		(0.065)		(0.689)	
与成年子女同住（是=1）	−0.335***		−1.734*		−0.183**		−0.180	
	(0.087)		(0.718)		(0.062)		(0.640)	
居住安排（参照组=没有共同居住的子女和孙子女）								
空巢家庭		0.174		1.431		0.028		0.575
		(0.157)		(1.246)		(0.107)		(1.063)
多代家庭		−0.257*		−1.392		−0.218*		1.303
		(0.118)		(1.020)		(0.085)		(0.903)
截断家庭		−0.307**		−1.364		−0.160*		−0.540
		(0.096)		(0.807)		(0.071)		(0.733)

续表

	男				女			
	进行有偿工作（是=1）		周均工作时长（小时）		进行有偿工作（是=1）		周均工作时长（小时）	
	模型1	模型2	模型3	模型4	模型5	模型6	模型7	模型8
	对数概率	对数概率	回归系数	回归系数	对数概率	对数概率	回归系数	回归系数
	(SE)	(SE)	(SE)	(SE)	(SE)	(SE)	(SE)	(SE)
年龄	-0.110***	-0.110***	-1.612***	-1.610***	-0.064***	-0.065***	-1.472***	-1.473***
	(0.013)	(0.013)	(0.107)	(0.107)	(0.009)	(0.009)	(0.098)	(0.098)
婚姻状况（已婚或同居=1）	0.651**	0.651**	1.598	1.577	0.435**	0.434**	4.325*	4.285*
	(0.225)	(0.225)	(2.632)	(2.632)	(0.145)	(0.145)	(1.758)	(1.759)
日常生活能力量表中存在困难的总数	-0.200***	-0.201***	0.193	0.176	-0.133***	-0.133***	-0.496	-0.483
	(0.044)	(0.044)	(0.523)	(0.523)	(0.031)	(0.031)	(0.399)	(0.399)
自评健康	-0.084	-0.084	-1.096**	-1.090**	-0.129***	-0.130***	-0.271	-0.272
	(0.045)	(0.045)	(0.386)	(0.386)	(0.034)	(0.034)	(0.350)	(0.350)
患有慢性疾病（是=1）	-0.379**	-0.383**	-0.489	-0.466	-0.116	-0.114	-1.116	-1.123
	(0.123)	(0.123)	(1.057)	(1.057)	(0.092)	(0.092)	(0.952)	(0.952)
家庭资产四分（参照组=25%及以下）								
26%—50%	0.215*	0.214*	-1.350	-1.353	0.196**	0.196**	0.004	0.003
	(0.091)	(0.091)	(0.823)	(0.823)	(0.069)	(0.069)	(0.738)	(0.738)

续表

		男						女					
		进行有偿工作（是=1）		进行有偿工作（是=1）		周均工作时长（小时）		周均工作时长（小时）		进行有偿工作（是=1）		进行有偿工作（是=1）		周均工作时长（小时）		周均工作时长（小时）
		模型 1		模型 2		模型 3		模型 4		模型 5		模型 6		模型 7		模型 8
		对数概率		对数概率		回归系数		回归系数		对数概率		对数概率		回归系数		回归系数
		(SE)	(SE)	(SE)	(SE)	(SE)	(SE)	(SE)	(SE)
51%—75%		0.178	0.174	−1.933*	−1.926*	0.135	0.133	0.217	0.227
		(0.104)	(0.104)	(0.897)	(0.897)	(0.080)	(0.080)	(0.819)	(0.819)
76%—100%		0.371**	0.368**	−1.724	−1.724	0.194*	0.192*	0.358	0.358
		(0.129)	(0.129)	(1.047)	(1.047)	(0.095)	(0.096)	(0.956)	(0.956)
Constant				143.608***	143.319***			121.841***	122.083***
				(7.302)	(7.307)			(6.405)	(6.410)
N		11083	11083	8878	8878	15381	15381	11594	11594

注：标准误（SE）以括号标注。*** p<0.001，** p<0.01，* p<0.05。

表 2-5　对于工作前景的固定效应模型结果，分性别及工作类别，正式部门，CHARLS 2011—2018

	男				女			
	进行有偿工作（是=1）		周均工作时长（小时）		进行有偿工作（是=1）		周均工作时长（小时）	
	模型1	模型2	模型3	模型4	模型5	模型6	模型7	模型8
	对数概率	对数概率	回归系数	回归系数	对数概率	对数概率	回归系数	回归系数
	(SE)	(SE)	(SE)	(SE)	(SE)	(SE)	(SE)	(SE)
与孙子女同住（是=1）	0.180		1.176		−0.328*		−2.598	
	(0.124)		(0.840)		(0.132)		(1.382)	
与成年子女同住（是=1）	−0.259*		−0.257		0.084		−0.306	
	(0.116)		(0.748)		(0.118)		(1.219)	
居住安排（参照组=没有共同居住的子女和孙子女）								
空巢家庭		0.200		0.812		−0.289		−4.522
		(0.214)		(1.371)		(0.248)		(2.431)
多代家庭		−0.082		0.974		−0.250		−2.594
		(0.162)		(1.078)		(0.166)		(1.760)
截断家庭		−0.254*		−0.371		0.092		−0.755
		(0.125)		(0.821)		(0.126)		(1.306)

续表

	男								女						
	进行有偿工作（是=1）				周均工作时长（小时）				进行有偿工作（是=1）				周均工作时长（小时）		
	模型1		模型2		模型3		模型4		模型5		模型6		模型7		模型8
	对数概率	(SE)	对数概率	(SE)	回归系数	(SE)	回归系数	(SE)	对数概率	(SE)	对数概率	(SE)	回归系数	(SE)	回归系数	(SE)
年龄	-0.124***	(0.017)	-0.124***	(0.017)	-0.421***	(0.109)	-0.422***	(0.109)	-0.121***	(0.017)	-0.121***	(0.017)	-0.495**	(0.174)	-0.498**	(0.174)
婚姻状况（已婚或同居=1）	0.816	(0.418)	0.814	(0.418)	6.614*	(3.198)	6.616*	(3.198)	-0.107	(0.297)	-0.104	(0.298)	-4.981	(3.299)	-5.037	(3.299)
日常生活能力量表中存在困难的总数	-0.253**	(0.089)	-0.253**	(0.089)	-1.507	(0.848)	-1.507	(0.848)	-0.009	(0.080)	-0.009	(0.080)	-0.816	(1.104)	-0.760	(1.105)
自评健康	-0.330***	(0.061)	-0.331***	(0.061)	-0.484	(0.411)	-0.485	(0.411)	-0.128	(0.066)	-0.129	(0.066)	-1.049	(0.651)	-1.037	(0.651)
患有慢性疾病（是=1）	-0.359*	(0.164)	-0.359*	(0.164)	0.455	(1.147)	0.453	(1.147)	-0.468**	(0.179)	-0.468**	(0.179)	-1.853	(1.816)	-1.863	(1.816)
家庭资产四分（参照组=25%及以下）																
26%—50%	0.155	(0.135)	0.155	(0.135)	-2.900**	(0.956)	-2.895**	(0.956)	0.335*	(0.142)	0.334*	(0.142)	-2.842	(1.510)	-2.775	(1.511)

续表

		男				女		
	进行有偿工作（是=1）		周均工作时长（小时）		进行有偿工作（是=1）		周均工作时长（小时）	
	模型1	模型2	模型3	模型4	模型5	模型6	模型7	模型8
	对数概率 (SE)	对数概率 (SE)	回归系数 (SE)	回归系数 (SE)	对数概率 (SE)	对数概率 (SE)	回归系数 (SE)	回归系数 (SE)
51%—75%	0.441** (0.141)	0.440** (0.141)	-1.343 (0.993)	-1.335 (0.993)	0.453** (0.151)	0.451** (0.151)	-3.620* (1.590)	-3.545* (1.592)
76%—100%	0.475** (0.156)	0.475** (0.156)	0.296 (1.077)	0.308 (1.077)	0.517** (0.169)	0.517** (0.169)	-1.354 (1.714)	-1.299 (1.715)
Constant			68.690*** (7.141)	68.803*** (7.150)			83.471*** (10.754)	83.797*** (10.759)
N	11337	11337	10105	10105	5905	5905	4806	4806

注：标准误（SE）以括号标注。*** $p<0.001$，** $p<0.01$，* $p<0.05$。

与成年子女或孙辈同住对就业前景的影响因性别和工作部门类型而异。与孙辈同住增加了每周的平均工作时间，而与成年子女同住则减少了继续工作的可能性，同时也减少了工作时间。在多代家庭中，这种影响相互抵消。值得注意的是，无论工作部门如何，成年子女对于劳动力参与和劳动时间的负面影响对男性和女性都是一致的，而孙辈的负面影响则因性别和工作部门而异。与孙辈同住对祖父劳动力供给的影响为正，但在统计学上并不显著。该研究扩展了过往研究中关于祖父延长孙辈照护时间以应对需求增加的说法（Feng & Zhang，2018），这表明祖父母也可以通过增加劳动力供应来为家庭提供经济支持。

居住安排对妇女就业前景的影响因其工作性质而异。随着孙辈的到来，只有在正式部门工作的人才会离开劳动力市场。这说明了正式部门的工作往往有着严格且缺乏灵活性的时间安排，这对想要平衡家庭生活和有偿工作的女性员工构成了挑战。与此同时，它强调女性作为照护者的责任，而非传统意义上由男性承担的工作者角色，从而由于孙辈照护需求而减少劳动力供应，这与过往研究中女性在存在照护需求的情况下更有可能退出劳动力市场，或因家庭照护而请假的发现一致（Smith et al.，2020）。相比之下，在非正式部门工作的祖母在与孙辈同住时延长了工作时间。这表明，非正式部门就业的灵活性使其更容易在工作的同时照护孙辈。此外，本书研究也表明，往往被认为仅提供照护服务的祖母也为满足年轻一代带来的额外经济需求而对家庭做出了重大贡献。

这项研究并非没有局限性。代际转移、财富和养老金收入等财政资源可以直接或通过影响健康状况同时影响工作决定和生活安排（Silverstein et al.，2006）。由于数据集里家庭收入和家庭财富的高缺失率，笔者使用家庭资产来测量家庭社会经济资源，这可能不是最理想的解决方案。此外，不同年龄段的孙子女可能需要不同类型的照护。未来的研究可以考察和比较祖父母在应对幼儿、学龄前儿童、学龄儿童和青少年的不同需求时是否会以不同的方式调节自己的劳动力参与。此外，可以对工作性质进行更全面的细化，以抓住正式部门就业中导致祖父母，特别是祖母减少劳动力供应的原因。

总之，这项纵向研究揭示了祖父母作为家庭经济贡献成员的角色，并强调了应对孙辈需求的性别角色。当祖母承担了相当大一部分照护孙辈的责任时，研究结果可以用来为提高法定退休年龄的讨论提供信息。应当鼓励制定政策，改善公共护理的提供，最大限度地使妇女有机会发挥多种作用（例如，工作和提供护理），同时尽量减少劳动和护理的性别分工。

第三章
与孙辈同住情况变化对中老年人劳动力参与的影响
——基于性别差异的分析

本书主要关注与孙辈同住如何影响中国祖父母的劳动力参与。研究使用了最新的纵向数据集（CHARLS，2011—2018，N = 19949），采用了新的非对称固定效应模型，检验与孙辈同住开始、结束对老年人劳动力参与的差异效应。研究发现，开始与孙辈同住后，女性的工作可能性降低，但男性群体的工作可能性则没有类似的负面影响；结束与孙辈同住后，对男性的工作可能性存在强烈的负面影响，但对女性则没有显著影响。研究强调了祖父母责任转变对于劳动力参与分性别、非对称的效应，表明与孙辈同住对女性的工作参与有着更消极的影响，而结束与孙辈同住并不一定意味着工作可能性的增加。政策应关注老年人照护孙辈对工作因性别和居住安排而异的作用。

一 研究背景与意义

中国不同年龄组的劳动力参与率在中老年群体中存在较大的性别差

距。在45—85岁的所有年龄组中，女性的劳动力参与率明显低于男性（女性58.7%；男性72.4%），且差距在50岁左右的年龄组中达到最大（Henry et al., 2018）。先前的研究表明，这一差距主要是由照护责任中的性别分工所致，因为女性更有可能退出工作，转而照顾家庭成员。在党的二十大和二十届三中全会就实施渐进式延迟法定退休年龄作出明确部署的当下，祖父母肩负的照护责任、不同性别对于照护责任的分工及其对老年人延迟退休的影响，都将成为值得关注的议题。

无论是在农村还是城市，由祖父母来提供对孙辈的照护正在变得越来越普遍，这已经成为祖父母表达代际支持和对整个家庭福祉做出贡献的重要方式（Silverstein & Zhang, 2020），也有助于维系祖父母、父母和孙辈之间的代际纽带（Chen & Liu, 2012）。由与孙辈共同居住的祖父母照顾儿童在近年来变得相对普遍，尤其是在成年子女因工作而移居到其他地区，将子女留给年长的父母照顾（Silverstein et al., 2006）。大量研究探讨了照护孙辈对祖父母健康的影响，其结果表明照护孙辈与老年祖父母的心理健康呈正相关（Di Gessa et al., 2016；Xu, 2019）。这样的正面效应对于与孙辈共同居住在多代同堂家庭中的移民的老年父母来说尤为明显（Song & Chen, 2020）。然而，相较于健康结果，与照护孙辈相关的工作结果相对较少受到关注。至于祖父母的就业结果的研究，大多数只关注进入祖父母角色、开始照护孙辈的影响，而没有关注结束共同居住、停止照护孙辈的效果。根据2010年第六次全国人口普查数据，中国老年人往往在50多岁就成为祖父母，一部分人甚至在40多岁就有了孙辈，这比大部分西方国家要早得多（Zhang et al., 2012）。因此，当祖父母停止照护孙辈时，他们可能仍然相对年轻、健康且具有生产力，依然有能力重返劳动力市场。因此，深入研究他们在结束照护孙辈后继续工作的可能性，以及开始和结束照护孙辈对生产力参与的影响在性别上是否存在显著差异，是有其必要性和重要性的。

本书的目的是调查在中国开始和结束与孙辈同住是如何影响祖父母的工作可能性的。本章通过采用创新的统计方法，即非对称固定效应模型（Allison，2019），考察以下方面，尝试做出贡献：其一，开始与孙辈同住、结束与孙辈同住对中老年人工作可能性的差异效应；其二，开始与孙辈同住、结束与孙辈同住的效应在性别上是否存在显著区别。

非对称固定效应方法使研究者能够控制不随时间变化的无法观测的个体特征，从而减少其对孙辈照护与老年人劳动力结构之间的关联造成的误差（Allison，2009）。值得注意的是，在2020年初由于新冠疫情防控需要而实施的国家管控期间，学校和托儿设施关闭，祖父母更有可能搬家与成年子女同住，共同分担照顾孩子的负担。一项最近的研究表明，女性的就业受到管控的负面影响比男性大，且性别间的就业率差距在有年幼子女的家庭中被进一步拉大（Qian & Fuller，2020）。因此，本书对于理解与孙辈同住的变化如何影响老年人在应对新冠疫情期间国家管控时的就业模式具有重要意义。

二　文献综述

（一）关于孙辈照护开始后的研究

关于因照护责任而退出工作的研究主要源自角色理论和性别分工（Carr & Kail，2013；Carr et al.，2018；Wang & Marcotte，2007）。角色增强和角色紧张是角色理论的两个主要组成部分。角色紧张的观点表明，承担多个社会角色，如有偿工作和家庭照护，可能导致角色紧张，从而对工作结果产生负面影响，如减少工作时间甚至退出工作

(Evandrou et al.，2002；Szinovacz & Davey，2005）。越来越多的研究表明，对于中老年人来说，成为照护者与就业之间存在负面关联，导致工作时间的减少乃至提前退休（Nguyen & Connelly，2014；Niimi，2018；Van Houtven et al.，2013）。Carr 及其同事发现，为配偶提供照护的全职雇员更有可能停止工作，而未提供配偶照护的则较少（Carr et al.，2018）。一项在日本进行的追踪调查发现，每周为父母提供超过 5 个小时照护的女性工作者更有可能转而从事具有灵活工时的工作，甚至辞去工作，而非照护者改变自己目前职业的可能性则较小（Kikuzawa & Uemura，2021）。使用美国收入动态面板调查数据的研究发现，成为祖母显著减少了美国老年女性的工作时间，而祖父所受的影响较小（Rupert & Zanella，2014）。相反，角色增强的观点表明，参与多个社会角色可能对中老年人有益，从而减轻家庭照护需求带来的压力（Moen et al.，1995；Rozario et al.，2004）。此外，有偿工作还提供了家庭照护所需要的经济和社会资源（Chumbler et al.，2004）。

尽管角色理论指出家庭照顾可能导致两种不同的工作结果，即继续参与劳动力市场或退出工作，但这两种结果对于不同性别的影响却不够清晰。关于非正式照护与劳动力市场结果之间的性别化角色期望表明，当照护需求出现时，女性更有可能从事家庭照护，因此，她们的劳动力参与更有可能受到负面影响，而男性所受的影响较小（Pinquart & Sorensen，2006；Van Bavel & De Winter，2013）。尽管在过去几十年中，中国女性劳动力参与率有了显著提高，但性别角色期望仍然相对固定——社会仍然期望男性履行家庭经济支柱的角色，而女性被期望承担大部分家务和家庭照护的责任。因此，本书预期与男性相比，中老年女性的工作结果更可能与以祖母身份照护孙辈呈负相关。

(二) 关于孙辈照护结束后的研究

角色理论和性别分工的期望都明确预测，开始孙辈照护后会对老年人的工作状态产生负面影响，尤其是对女性而言。然而，关于停止孙辈照护的影响的预测则较为不确定。一方面，角色理论表明，家庭照护需求的减少可以减轻角色紧张，因此增加老年人，尤其是老年女性工作的可能性。另一方面，老年人的社会资源决定了他们的社会支持网络、获取信息的途径以及获得特定社会地位的机会（Lin et al., 1999; Wilson & Musick, 1998）。因此，家庭照护可能成为老年人维持与工作机会相关的社会联系的障碍，最终可能会降低他们在结束强度较大的孙辈照护后继续工作的机会。在德国进行的一项最新研究发现，即使家庭照护结束，女性兼职工作者转为全职的可能性也并未增加（Ehrlich et al., 2020）。相比之下，较少的研究探讨了停止家庭照护对男性工作结果的影响。

总之，角色理论和性别分工表明，开始强度较大的孙辈照护对老年人的就业结果有显著的负面影响，特别是对老年女性而言。然而，关于停止孙辈照护如何影响老年人的工作结果的预测仍然不确定。社会资源理论（Wang, 2007）指出，停止孙辈照护并不一定意味着老年人可以轻松重返工作——过去的孙辈照护可能是他们积累社会资源和联系的障碍，而这对于获取工作机会至关重要。

中国的独特之处在于中老年人往往在较年轻时成为祖父母，而且通常在劳动力市场上的停留时间较长，尤其是在养老保险水平较低的农村地区。与此同时，在中国，社会规范依然期待祖父母参与孙辈照护，尤其是在空巢家庭中。孙辈照护的高普及率和中老年人的高工作参与率为研究者提供了一个重要的机会，来研究开始和停止孙辈照护对中老年人劳动力参与的差异化影响。本书着重关注开始和停止强度较大的孙辈照护对中老年人劳动力参与的影响差异，并检查这些影响对于男性和女性的不同结果。

三 研究数据与方法

（一）数据来源

本书使用了来自中国健康与养老追踪调查的4轮追踪数据。中国健康与养老追踪调查是一项具有全国代表性的调查，它对45岁及以上中老年人及其家庭成员进行了全面的访谈。本书将分析样本限制为在4轮纵向调查中至少工作过一次，并且至少有一个成年子女，因此，有成为祖父母可能性的受访者总人数为19742人。为了进行固定效应分析，笔者进一步将分析样本限制为在4轮调查中至少参与过2次，并且在此期间改变了工作状态（从不工作到工作，或者从工作到不工作）的受访者，从而得到了来自5855名受访者的19949个个体——轮次观察样本。

（二）变量定义及测量

本章的因变量是代表受访者劳动力参与的二元变量，表示受访者的工作状态（1=目前工作，0=目前未工作）。

本章的自变量为开始与孙辈同住和结束与孙辈同住的次数。先前的研究表明，与不和孙子女同住的祖父母相比，与孙子女同住的祖父母更可能参与高强度的照护活动（Luo et al., 2012; Xu, 2019），因此对祖父母的福祉影响更大。在本章的分析样本中，有7.5%的受访者报告开始与孙辈同住，18.2%的受访者报告结束与孙辈同住，而不到0.5%的受访者报告多次开始或结束与孙辈同住——较低的占比可能是相对较短的调查时间窗口（2011—2018年）所导致的。

其他协变量包括年龄、是否与成年子女同住、是否已婚、受访者的健康状况和受教育程度。笔者使用家庭内代际间由下往上的总净转移金额（即当前年份中老年受访者从子辈和孙辈获取的总金额减去向子辈和孙辈支付的总金额）来表示家庭的财务状况，并且使用受访者上一年的净转移来填补某些年份的缺失值。本章将财务状况分为三类（1＝3000元以下，2＝3000元及以上，3＝缺失）。

（三）分析方法

为了强调开始和结束与孙辈同住对中老年人工作状况的差异效应，笔者采用了一种新颖的统计方法——非对称固定效应分析。非对称固定效应分析与固定效应分析非常相似，但允许开始和结束与孙辈同住的效应在幅度上有所不同（Allison，2019）。在非对称固定效应模型中，笔者将在两个相邻轮次之间开始与孙辈同住的状态定义为 X_{it}^+；同样，将结束与孙辈同住的状态定义为 X_{it}^-。如果 X_{it-1} 没有被观测到（例如，当 $t=1$，即受访者首次参与调查时），X_{it}^+ 和 X_{it}^- 都被设置为0，表示在当前轮次 t 中没有观察到转变。接下来，笔者分别计算开始和结束与孙辈同住的总次数：

$$Z_{it}^+ = \sum_{t=1}^{t} X_{it}^+ ;$$

$$Z_{it}^- = \sum_{t=1}^{t} X_{it}^-$$

Z_{it}^+ 表示从时间1到时间 t 开始与孙辈同住的总次数；同样，Z_{it}^- 表示从时间1到时间 t 结束与孙辈同住的总次数。非对称固定效应的最终测算模型如下所示：

$$Y_{it} = \beta_0 + \beta_1 \times Z_{it}^+ + \beta_2 \times Z_{it}^- + \beta_3 \sum covariates_{it} + \alpha_i + \varepsilon_{it}$$

在这个模型中，Y_{it}代表受访者的工作状态，即在轮次 t 时代表受访者是否在工作的二元变量。β_1 代表开始与孙辈同住对受访者工作状态的影响，β_2 代表结束与孙辈同住对工作状态的影响。α_i 代表个体层面不随时间变化且无法被观测的因素。特异误差项 ε_{it} 因个体和时间而变化。这种方法允许研究者在计算开始和结束与孙辈同住对中老年祖父母工作参与结果的差异效应时，控制个体内的难以观察到的时间常数因素（如个体对工作和家庭责任的优先级和工作能力）（Allison, 2009, 2019）。值得注意的是，大多数测算开始和结束照护行为效果的研究使用的是随机效应模型或广义估计方程（GEE）模型。一般来说，这两种定量模型都将开始照护行为定义为1，将结束照护行为定义为-1，因此得出的结果中，结束照护行为的效果与开始照护行为的效果幅度一致，方向相反。使用非对称固定效应模型则使区分开始和结束照护行为的效果成为可能，进一步细化参与照护对于后续劳动力参与的影响。

四 分析结果

表3-1呈现了分析样本中汇总的个体（轮次观察的）的描述性统计，按总样本、女性样本和男性样本进行计算。在总样本中，约有24.3%的样本报告称他们在2011—2018年曾与孙辈同住。总样本中，约有7.5%的样本曾开始与孙辈同住，18.2%的样本曾结束与孙辈同住；女性样本中，约有8.3%曾开始与孙辈同住，19.8%曾结束与孙辈同住；男性样本中，6.4%曾开始与孙辈同住，17.1%曾结束与孙辈同住。

表 3-1   分析样本的描述性统计（CHARLS，2011—2018）

变量	总样本 平均值	女性样本 平均值	男性样本 平均值
目前在工作	55%	54.4%	55.9%
女性	58.3%		
曾与孙辈同住	24.3%	25.7%	22.4%
曾开始与孙辈同住	7.5%	8.3%	6.4%
曾结束与孙辈同住	18.2%	19.8%	17.1%
与成年子女同住	45.0%	53.0%	57.8%
年龄（岁）	61.9	60.7	63.7
患慢性疾病的数量（种）	1.7	1.7	1.6
已婚	83.7%	81.4%	87.0%
总净转移数额			
3000元以下	73.2%	73.0%	73.6%
3000元及以上	26.4%	26.7%	25.9%
缺失	0.4%	0.3%	0.5%
城市户口	20.2%	16.2%	25.7%
农村户口	79.8%	83.8%	74.3%
受教育程度			
小学	70.6%	77.5%	60.0%
初中及以上	29.4%	22.5%	39.1%
n（受访者人数）	5855	3387	2468
N（样本数）	19949	11621	8328

表 3-2 呈现了对于工作可能性的固定效应逻辑回归的估计，模型 1 和模型 2 分别显示了男性和女性的估计结果，模型 3 则显示了在总样本中的估计结果。从模型 1 和模型 2 的估计结果可知，与孙辈同住与男性的工作可能性呈显著正相关（比值比 = 1.29，$p < 0.001$），而对于老年女性，与孙辈同住的影响在统计上并不显著（比值比 = 0.92，$p > 0.1$）。

然而，当计算与孙辈同住对于工作可能性的作用的性别差异时（模型3中的交互项），相比于男性，与孙辈同住对女性的工作可能性呈现出显著的负面影响（比值比=0.66，p<0.001）。固定效应模型的结果显示出与孙辈同住的影响因性别而异。然而，固定效应模型的性质掩盖了开始和结束与孙辈同住对老年人工作状态的差异化影响。接下来，本章使用新颖的非对称固定效应模型来说明开始和结束与孙辈同住对工作可能性影响的区别。

表3-2　　　　　　　　对于工作可能性的影响，固定效应模型的结果（CHARLS，2011—2018）

变量	模型1 （男） 比值比 (SE)	模型2 （女） 比值比 (SE)	模型3 （总样本） 比值比 (SE)
与孙辈同住	1.29*** (0.10)	0.92 (0.05)	1.35*** (0.10)
与孙辈同住（女性）			0.66*** (0.06)
年龄	0.83*** (0.008)	0.86*** (0.060)	0.85*** (0.005)
农村户口	1.01 (0.19)	1.08 (0.18)	1.05 (0.13)
已婚	2.10*** (0.40)	1.72*** (0.02)	1.79*** (0.19)
患慢性疾病的数量	0.97 (0.02)	0.99 (0.02)	0.98 (0.02)

续表

变量	模型 1 （男） 比值比 （SE）	模型 2 （女） 比值比 （SE）	模型 3 （总样本） 比值比 （SE）
与成年子女同住	0.91 (0.07)	0.94 (0.05)	0.93 (0.04)
总净转移数额（参照组为低于 3000 元）			
大于等于 3000 元	0.84** (0.06)	0.93 (0.05)	0.89*** (0.04)
缺失	0.35*** (0.14)	0.86 (0.33)	0.53** (0.15)
样本数	8328	11619	19947
样本中受访者人数	2468	3387	5855

注：标准误（SE）以括号标注。*** $p<0.001$，** $p<0.01$，* $p<0.05$。

表 3-3 展示了非对称固定效应模型的估计结果。正如前文所述，非对称固定效应模型延续了固定效应模型能够控制个体层面无法观测且不随时间变化的因素的优点，同时允许开始和结束的效应在幅度上有所不同。表 3-3 中的模型 1 和模型 2 分别显示了男性和女性开始和结束与孙辈同住的效应。模型 1 呈现了对于男性的估计结果：开始与孙辈同住对中老年男性的工作可能性没有显著影响，而结束与孙辈同住与工作可能性呈显著负相关（比值=0.75，$p<0.001$）。模型 2 呈现了对于女性的估计结果：开始与孙辈同住与更低的工作可能性相关联（比值=0.79，$p<0.01$），而结束与孙辈同住对她们的工作机会没有显著影响（比值=0.97，$p>0.1$）。

本章还测试了关于开始与结束与孙辈同住的性别差异，模型 3 呈现出的结果表明，结束与孙辈同住的性别差异是显著的，但在开始与孙辈同住方面，性别差异并不显著。其他协变量的估计结果也值得注意，尽管它们不是本研究关注的中心。已婚与更高的工作可能性相关，对于男性（比值=2.10，p<0.001）和女性（比值=1.72，p<0.001）都是如此。财务状况与男性的工作可能性显著相关，但与女性的工作可能性无关。对于男性来说，更宽裕的财务状况与较低的工作可能性相关（比值=0.84，p<0.01），表明中老年男性的工作参与可能受到经济需求的驱动。

表3-3　　　　对于工作可能性影响，非对称固定效应模型的结果（CHARLS，2011—2018）

变量	模型1（男）	模型2（女）	模型3（总样本）
开始与孙辈同住的次数	1.16	0.79**	1.05
	(0.15)	(0.08)	(0.13)
开始与孙辈同住的次数（女性）			0.81
			(0.12)
结束与孙辈同住的次数	0.75***	0.97	0.68***
	(0.07)	(0.07)	(0.06)
结束与孙辈同住的次数（女性）			1.56***
			(0.16)
年龄	0.83***	0.87***	0.85***
	(0.08)	(0.01)	(0.01)
农村户口	1.01	1.08	1.04
	(0.19)	(0.18)	(0.13)
已婚	2.10***	1.72***	1.80***
	(0.40)	(0.22)	(0.19)
患慢性疾病的数量	0.97	0.99	0.99
	(0.02)	(0.02)	(0.02)

续表

变量	模型1 (男)	模型2 (女)	模型3 (总样本)
与成年子女同住	0.92	0.93	0.93
	(0.07)	(0.05)	(0.04)
总净转移数额（参照组为低于3000元）			
大于等于3000元	0.84**	0.93	0.89***
	(0.06)	(0.05)	(0.04)
缺失	0.35***	0.91	0.55**
	(0.14)	(0.35)	(0.15)
样本数	8328	11621	19949
样本中受访者人数	2468	3387	5855

注：标准误（SE）以括号标注。*** $p<0.001$，** $p<0.01$，* $p<0.05$。

五 研究结论与讨论

本章的研究表明，与孙辈同住情况的变化显著影响中老年祖父母的工作参与。通过采用新颖的非对称固定效应模型，笔者得以分析开始和结束与孙辈同住对中老年人就业的差异效应。

基于角色理论和性别分工，笔者最初预期开始与孙辈同住与承担更多的家庭照护责任有关，而且由于性别分工，祖母更有可能退出工作。虽然固定效应模型的结果表明，与孙辈同住的变化并没有显著影响中老年女性的工作可能性，但非对称固定效应模型的结果表明，开始与孙辈同住显著降低了女性的工作可能性，但对于男性则没有显著影响。开始与孙辈同住的效果中存在的显著性别差异表明，中老年女性是否工作的决定对照顾孙辈的需求更为敏感，受照护责任影响更大，这一发现与中国的性别角色分工一致：女性在家庭中是主要的照护者，更有可能减少工作负担以满足照护需求，而男性则被寄望作为家庭的经济支柱，相较于女性，他们的工作参与更不容易受到影响（Cong & Silverstein, 2012）。这样的性别角色期待同样适用于中老年人。开始与孙辈同住作用的性别差异部分解释了中老年劳动力参与中的性别差距，意味着性别化的孙辈照护可能在中老年劳动力参与的性别差距中起到了重要作用。

已有的研究很少关注中老年人在结束家庭照护后将有怎样的劳动力参与后果。本章通过探索中老年人在停止高强度的孙辈照护后工作状态的变化，为老年人的非正式照护这一领域做出贡献。角色紧张观点表明，承担家庭照护角色可能会限制用于有偿工作的时间，而家庭照护的结束可能为重新参与有偿工作提供机会。然而，非对称固定效应模型的研究结果却表明，实际情况与理论假设相反。对男性而言，结束与孙辈同住与降低工作可能性相关，而女性在停止孙辈照护后工作可能性并没有如预期般反弹。女性结束与孙辈同住的研究结果更多地涉及社会资源方面，即参与家庭照护可能导致难以获取工作相关的信息和资源，这对于在照护结束后重新参与有偿工作至关重要。开始与孙辈同住与工作机会的下降相关，而结束与孙辈同住并不意味着工作机会的反弹，这表明中老年女性在结束高强度的孙辈照护后仍然面临重新参与有偿工作的障碍。男性工作可能性降低的研究结果可以通过几种可能性来解释。

一是如前文结果部分所述，中老年男性的工作参与可能受到经济需求的驱动——相对富裕家庭中的祖父工作的可能性较低。按照这个逻辑，结束与孙辈同住意味着由照顾孙辈产生的经济需求降低，进行有偿工作的推动力减少，因此降低了有偿工作的参与，这也与男性作为家庭中的经济支柱的社会规范相一致。

二是尽管孙辈照护有益于心理健康，但也显示出与慢性病的增加和功能障碍有关，这进一步影响了祖父母在结束孙辈照护后继续工作的能力。

本书在许多重要方面扩展了先前关于孙辈照护的社会后果的研究。首先，先前的孙辈照护研究主要关注开始孙辈照护如何影响老年人的工作情况，但在了解结束孙辈照护如何影响中老年人工作情况方面存在研究空白。本书探讨了开始和结束与孙辈同住对中老年人有偿工作参与的差异影响。其次，迄今为止，大多数关于开始和停止某种角色的差异影响的研究都使用了随机效应模型或广义估计方程模型，而这些统计方法都基于一个强假设，即个体特定的效应与自变量不相关（Allison，2009；Wooldridge，2010；Zeger & Liang，1986）。这可能导致估计中的偏误。通过采用新颖的非对称固定效应模型，本章能够控制无法观测的不随时间改变的个体特征，同时允许开始与结束与孙辈同住的影响在幅度上有所不同。这种新的统计方法已逐渐被许多学者用来解决类似的问题（Hajek & König，2020；Uccheddu et al.，2019；Zwar et al.，2023）。再次，本书的研究结果对理解中国中老年人的工作参与具有重要意义。面对人口老龄化的加速和养老金体系的赤字，政府正尝试逐步提高退休年龄并增加老年人的工作参与，以弥补资金不足。然而，如果没有在照护系统中提供实质性支持，老年人，尤其是女性，在延长停留在劳动力市场上的时间时仍可能面临障碍。本书研究结果还表明，即使照护结束，中老年人的工作参与可能也不会显著反弹。为了提高中老年人的工作参与，政策应该在中老年人因家庭照护责任而中断劳动参与后，支持他们重新进入劳动力市场，例如提出培训计划等。

本书也存在局限性，其结果应谨慎解释。首先，由于设计原因，非对称固定效应模型只能估计与孙辈同住状况的变化而导致的中老年人工作参与的变化。也就是说，使用此分析方法无法研究持续与孙辈同住对中老年人工作的影响。其次，本书只使用了粗略的二元变量来衡量中老年人的工作结果。由于固定效应模型的性质，分析样本中的受访者都是在调查轮次之间工作状态有所改变（例如，从工作到不工作，或从不工作到工作）的人。因此，本书无法分析与孙辈同住的变化如何转化为工作类型和工作强度的变化（例如，从高薪工作到低薪工作；从全职到兼职，或反之），这严重限制了本书可以使用分析样本的样本量，从而无法计算工作的其他特质的变化。未来的研究应更深入地了解照护的变化如何导致工作时长和特质的变化。再次，孙辈的年龄决定了照护的负担和难度，从而影响祖父母的工作情况，同样，本书只使用了粗略的二元变量来表示是否照护孙辈，未来的研究应继续细化孙辈的年龄如何调节孙辈照护与祖父母工作情况之间的关系。

尽管存在这些局限性，本书还是将孙辈照护的影响从健康结果扩展到工作结果，拓展了现有研究。与其他亚洲国家一样，中国的孙辈照护通常与高度参与、全职的照护责任相关联（Xu, 2019）。然而，很少有研究探讨高强度的孙辈照护如何影响中老年人的工作参与，以及如何促成中老年劳动力参与中不断增长的性别差距。本书有利于填补此类研究的不足。

本书还对了解新冠疫情期间国家的管控措施如何影响中老年祖父母的工作参与具有重要意义。由于疫情期间学校和托儿设施关闭，祖父母很可能会承担家庭照护责任，搬去与孙辈同住，为孙辈提供照护，以减轻成年子女的负担。本书发现，开始与孙辈同住的效果存在性别差异，因此新冠疫情可能会加剧中老年劳动力参与中的性别差距。本书发现，停止同住状态对中老年人的工作参与也存在负面影响，因此即使学校和托儿设施重新开放，中老年人也会在寻找重返工作的道路上遇到困难。未来的研究可以进一步研究新冠疫情如何影响中老年人的居住安排以及因此会如何影响他们的劳动力参与。

第四章

中老年人工作与家庭照护者角色转变的影响因素
——基于性别、城乡差异的分析

尽管中老年人积极参与生产活动,但关于中老年工作—照护者的普遍性及影响他们在工作和照护角色之间转变的因素的实证研究较少。本章分析了中国中老年人承担工作与家庭照护者双重角色的普遍性,以及影响其工作和照护角色转变的因素。本章利用中国健康与养老追踪调查(CHARLS,2011—2018)的4轮数据,根据中国中老年人的工作和家庭照护状况,将受访者分为四类:非工作—非照护者、仅工作者、仅照护者、工作—照护者。仅工作者是人数最多的群体,其次是工作—照护者。通过关联4轮访谈数据,常见的角色转变包括:保持仅工作者、保持工作—照护者、从仅工作者转换到工作—照护者、从工作—照护者转换到仅工作者。本章研究分析了居住安排、性别以及乡村/城镇居住地的变化如何影响这些转变。多元逻辑回归模型的分析表明,与家庭成员一起生活,特别是与年幼的孙辈同住,提高了仅工作者担任照护职责的可能性,并且降低了工作—照护者退出照护的可能性。相较于男性和城镇居民，女性和乡村仅工作者在有同住亲属的情况下更有可能转变为工作—照护者。有趣的是，与成年子女和配偶同住会降低男性工作—照护者退出照护角色的可能性。这些研究发现突出了社会关系在塑造个体轨迹中的作用，并强调了在理解中老年人工作和照护动态时考虑居住安排的重要性。

一 研究背景与意义

家庭照护行为可能会带来情感上的回报（Silverstein & Giarrusso, 2010），但不太可能带来经济收益（Zuba & Schneider, 2013）。面对由此造成的经济劣势，一些家庭照护者可能需要进行有偿工作用以维持生计，这使他们面临"双重负担"（Chen et al., 2018），即工作和家庭照护双重责任带来的负担。但是，现有关于双重负担的研究大多数针对中年母亲进行（Bianchi, 2000; Craig, 2007），很少提及双重负担如何延伸到人生的后期阶段（Moen & Flood, 2013）。在迈向老年时，随着子女的成长，人们照护子女的责任在减少，但照护孙辈、父母以及配偶的负担在增加。当他们在较为年轻就成为祖父母而又需要参与劳动力市场时，照护孙辈、父母以及配偶的负担增加这一情况尤为明显。祖父母，特别是祖母，在迈入中老年时期可能再次发现自己需要平衡家庭和工作责任（Flood & Moen, 2015）。

本书的研究背景是中国。中国正处于人口大周期的关键时期，老龄少子化加速到来，老年照护社会支持系统尚且并不完善（Ning et al., 2016）。当养老保障制度提供的资源不足时，中国的老年人可能依赖强大的家庭关系获得实质性的经济支持（Silverstein et al., 2006）。由于文化期望要求祖父母积极照护孙辈，以及多代同堂家庭的普遍性，许多祖父母承担了照护者的角色（Chen & Liu, 2009, 2012; Feng & Zhang, 2018）。此外，与正式部门的工作者相比，庞大的非正式部门的工作者在面临家庭照护需求时可能有不同，他们通常有更灵活的时间安排，可以适当调整工作负担（Chen & Hamori, 2013; Gamble & Huang, 2009; Huang, 2009）。鉴于以上经济需求、文化规范和时间安排可行性，很可能有相当多的中老年人在尝试平衡工作和照护的责任。

承担工作和非正式照护责任的人可能会面临由于角色期望冲突而产生的严峻挑战。在城镇地区，实证研究发现超过20%的老年人是工作的祖父母（Liu & Lou, 2016），显示了这一双重角色群体的普遍性。考虑到他们承担的重要责任和庞大的人口规模，工作—照护者需要更多的学术关注。本章利用中国健康与养老追踪调查（CHARLS, 2011—2018）的数据，探讨了工作—照护者的普遍性及常见的角色转变，并进一步研究了促使中老年人转变到或留在双重角色群体中的因素。鉴于城乡地区的性别角色和社会背景的差异，本章将性别和城乡作为中介因素，强调其重要性。

二 文献综述

（一）关于生命历程理论的研究

生命历程理论提出，每个人随着时间经历一系列社会定义的角色和地位转变（Elder, 1994）。它强调轨迹的交织：与关注单一职业不同，生命历程理论提供了探索多个相互依存的路径的框架，如职业生涯和家庭路径。一个人工作前景的转变不仅是由与工作相关的因素引起的，还受到与家庭和社会结构等领域相关因素的影响。因此,本章探讨了中老年人的角色转变,并强调工作—照护者的轨迹与仅工作者或仅照护者的不同之处。驱使个体承担双重责任的原因并不仅仅是将成为工作者的动力与成为照护者的因素相加。此外,这些转变受到个体在工作和家庭领域,尤其是亲属方面的经历影响。在生命历程理论的视角下,中老年人的角色转变并非单纯的个人决策,而与家庭成员经历的重大事件息息相关。

(二) 关于中国工作—照护者的普遍性研究

在中国,大多数中老年人依然承担着工作者的角色。中国的妇女劳动力参与率在各个年龄组中保持较高水平,2017 年工作年龄的女性参与率为 68.8%,高于大部分 OECD 国家(Xiao & Asadullah,2020)。2010 年,年龄在 50—74 岁这一区间的个体中,58.9% 的乡村妇女和 20.7% 的城镇妇女仍然参与劳动力市场(Connelly et al.,2014)。尽管近期证据表明,在许多西方国家出现了推迟退休的趋势(Dosman et al.,2006),但中国城镇的老年人就业受到相对早期的强制退休年龄的制约(男性 60 岁,女性干部 55 岁,女性工人 50 岁)。然而,为了促进经济发展,许多中国退休人员继续工作已经成为必要(Ling & Chi,2008)。例如,2010—2012 年,有相当数量(8%—10%)的城镇老年人在退休后再次回到劳动力市场(Liu & Lou,2016)。与此同时,乡村地区的农业工作者们被描述为经历"无休止的劳作",只有当男性达到 75 岁和女性达到 65 岁,每周平均工作时间才开始低于 20 小时(Giles et al.,2011)。这一趋势从 1991 年至 2009 年持续了近 20 年,几乎没有变化的迹象。其中一个原因是社会保障体系不够完善。在城镇,大量的进城务工人员和私营企业的工人占了总工作者的相当大比例,但他们只在相对低水平的居民养老保险的保护之下。2007年，仅有65%的城镇劳动力被基本养老保险或职工养老保险覆盖（Cai & Du，2015；Majid，2015）。在2008年中国推出新型农村社会养老保险制度之前，农村老年人没有被任何社会养老保险系统覆盖，但该制度是否能够减轻乡村居民的负担存在争议，因为研究并未发现它能显著促使老年人退出劳动力市场（Cai & Cheng，2015；Ning et al.，2016）。综上所述，在没有足够的社会保障的情况下，中老年人往往倾向于继续参与劳动力市场。

正如以前的研究所强调的（Mjelde-Mossey et al.，2009），在中国社会中，家庭生活在满足中老年人的贡献角色和代际之间互惠期望方面发挥着至关重要的作用。对城镇老年人来说，为亲密家庭成员提供非正式照护是常见的现象，通常是配偶、父母或配偶的父母，以及年幼的孙辈（Sun，2013），这种做法可能也适用于乡村老年人。照护义务的性质取决于照护者和被照护者之间的关系（Penning & Wu，2016）。照顾配偶被视为一项高度义务性的责任，而照顾父母则与孝道文化规范相关联（Cheng & Chan，2006）。相比之下，中老年人在是否照顾孙辈和照顾的程度上有更多选择，对小辈的教导和照顾同时也代表了中国老龄传统中高度重视的生产性角色（Mjelde-Mossey et al.，2009；Silverstein et al.，2006）。无论与被照护者是什么关系，老年人积极照护家庭成员的行为都非常常见。据全国性调查统计，2011年，年龄在45—64岁的中老年人中，有41.7%为年长和/或年幼的家庭成员提供了照护，如果包括配偶，则这一比例可能更高（Liu & Chen，2022）。随着照护需求的减少，比如孙辈长大，配偶或父母去世，个体可能会退出照护角色，重新参加工作，或者成为被照护者。

持续工作的普遍性及为家庭成员提供照护的文化期望，推动着中老年人承担工作和非正式照护的双重责任，正如陈等人指出的（Chen et al., 2020),这已经成为社会中越来越重要的挑战。实际上,根据 Liu 和 Lou (2016) 的研究,相当大比例的中国城镇老年人 (21.7%) 被归类为工作祖父母,他们同时从事工作并照顾 16 岁以下的孙辈。在配偶照护者之后,工作祖父母是中老年人中的第二大群体。然而,关于这个特殊的工作—照护者群体研究不足。大多数关于生产活动参与的研究往往侧重于就业,将照护作为协变量加以控制,未能认识和调查工作—照护者承担的两个角色组合后带来的额外作用和困难 (Liu & Lou, 2016)。鉴于中老年人平衡工作和照护责任的普遍性,相当大比例的中老年人可能会在工作者、照护者和工作—照护者的角色之间经历转变。

(三) 关于影响工作—照护者转变的因素研究

有许多原因能够推动个体成为工作—照护者。对于那些从仅工作者转变为工作—照护者的人来说,承担非正式照护职责可能与就业机会无关,而是受到照护需求的驱动。中老年人成为家庭成员的照护者并不罕见,例如,祖父母成为"留守儿童"的主要照护者 (Sun, 2013)。随着年龄的增长,他们也可能为配偶提供照护 (Zhao et al., 2022)。因此,对照护的需求应该是从仅工作者转变为工作—照护者的主要因素,并鼓励工作—照护者维持其照护职责,不论性别或社会经济地位如何。居住安排可以被视为衡量照护需求的变量。与不和被照护者同住的人相比,与被照护者同住的人提供的照护通常时间更长,频率更高,强度更大。对中老年人来说,与孙辈、父母或公婆、身体不便的配偶同住,可能代表更高的照护需求,而与成年子女同住则可以与其分摊照护责任,减少负担。

除了照护需求,角色转变也可能受到工作者的就业状况和人力资本的影响。有学者提出,就业机会有限或与劳动力市场的联系较弱的个体可能会"自我选择"退出就业市场，成为照护者（Alpass et al.，2017；Carmichael et al.，2010）。相比之下，人力资本较高的工作者倾向于留在劳动力市场，并因此成为工作—照护者，而不是退出劳动力市场成为仅照护者。Liu 和 Lou（2016）对中国 60 岁及以上成年人进行的潜类别分析支持了这一观点。他们发现男性和受教育程度较高的个体更有可能成为工作—照护者而不是配偶照护者。此外，对于 50 岁左右年龄段的女性工作者，经济困难与开始照护和减少工作时间相关，表明其转变为仅照护者而不是工作—照护者（Berecki-Gisolf et al.，2008）。总而言之，与劳动力市场联系较弱且机会成本较低的工作者，如女性和社会经济地位较低的个体，更有可能减少工作并承担照护职责，从而转变为工作—照护者。同样的，女性和社会经济地位较低的工作—照护者更有可能维持其工作—照护者的角色，而不转变为仅工作者。

健康与照护和就业都有关，健康的变化同时导致工作和非正式照护的变化。健康状况不佳，特别是在老年人和女性中，可能会导致劳动力参与和提供照护的减少（Lee & Tang，2015）。

现有的实证研究主要集中在讨论促使人们从仅工作者转变为仅照护者的因素。然而，尽管工作—照护者的普遍性在逐渐增加，尚未有文献系统性地分析促使人们转变为这一角色的动因。只有有限的文献探讨了使得个体在同时继续从事劳动力市场工作和承担照护责任，而不是退出劳动力市场的因素，这个方向需要进一步探讨。此外，为了全面了解工作—照护者的轨迹，不仅需要研究人们进入这一角色的过程，还需要调查导致退出这一角色的因素。纵向数据提供了跟踪个体随时间转变的机会，使测算影响个体决策从事双重角色的因素成为可能。本章旨在提供有关工作—照护者转变的分析，填补已有研究的不足。

三 研究问题和假设

本章旨在使用纵向数据结构，探索中老年人在工作和家庭照护方面的转变。第一个目标是根据他们的工作和照护状况，将个体划分为四个不同的群体：非工作—非照护者、仅工作者、仅照护者和工作—照护者，再检查每个类别的分布，从而探索工作—照护者角色的普遍性。

随后，研究分析工作—照护者类别之间的转变，并确定最常见的轨迹。考虑到不同年龄组中观察到的较高劳动力参与率，预计涉及仅工作者角色的转变将是常见的轨迹。

接下来，笔者将工作—照护类别发生变化的个体与保持不变的个体进行比较，旨在探究导致这些角色转变的因素。鉴于肩负工作和照护责任的人可能遇到的额外困难，本章特别关注：其一，开始承担照护责任并从仅工作者转变为工作—照护者的个体；其二，停止照护职责并从工作—照护者转变为仅工作者的个体。

基于家庭照护行为是受需求驱动的观点，本章着重考虑了家庭结构状态，如是否有配偶、成年子女、父母或配偶父母和孙辈。这些不仅代表了照护需求，还代表了可以分担责任的潜在照护者。随着个体进入生活的后期阶段，子女长大，相关照护需求减少，而配偶照护、父母照护以及孙辈照护的需求出现。不论性别和居住地，年幼孙辈（16岁以下）的存在可以被解释为照护需求升高的指标，因此与承担或继续照护责任的可能性较大相关（假设1-a）。相反，成年子女的存在可以帮助分担财务和照护责任，有助于降低承担工作和照护责任的可能性（假设1-b）。配偶在家庭中的存在可能具有复杂的影响，因为健康的配偶可以分担责任，但健康状况不佳的配偶可能带来更高的照护需求。鉴于本书关注的是中老年人群，更有可能存在配偶照护需求，因此与承担照护责任或继续照护角色的可能性较大相关（假设1-c）。类似地，父母和配偶父母的存在也可能表示更高的照护需求，这可能会增加承担或继续作为工作—照护者的概率（假设1-d）。

假设1-a：年幼的孙辈的存在与更高的照护需求相关，增加承担或继续照护责任的可能性。

假设1-b：成年子女的存在有助于分担财务和照护任务，减少承担工作和照护责任的可能性。

假设1-c：配偶的存在与更高的配偶照护需求相关，增加承担或继续照护责任的可能性。

假设1-d：父母和配偶父母的存在可能表示更高的照护需求，增加承担或继续照护责任的可能性。

由于社会人口因素影响工作和家庭照护，因此性别差异和城乡差距被纳入讨论。鉴于女性对劳动力市场的较弱依附以及其作为照护者的期望，女性更有可能选择退出劳动力市场，因此假设相对于男性，女性工作者更有可能承担照护责任，而较不可能停止照护（假设2-a）。此外，假设城镇居民比较不可能提供非正式照护，因为城镇有更多的正式照护设施和更高的经济水平，而乡村居民可能选择有限，更可能亲自提供照护（假设2-b）。此外，较低的社会经济地位，如较低的受教育程度和家庭资产，与更可能提供非正式照护相关。工作性质也可能影响个体的转变，因为正式部门的工作往往代表着较长的工作时间和更严格的工作时间安排，因此限制了个体可用于照护的时间，从而增加了退出劳动力市场或转变为仅照护者角色的可能性，而不是平衡工作和照护，成为工作—照护者（Chen & Hamori，2013）。

健康状况不佳是限制个体参与劳动力市场和承担照护家庭成员责任的关键因素。健康状况不佳的人更不可能承担工作和照护的双重负担，如果他们已经处于这种状态，更有可能转变为仅工作者或仅照护者。随着个体年龄的增长，中老年人的健康状态往往会下降，导致应对两种角色的需求的能力下降。因此，健康状况不佳和年龄较大被认为与转变为非工作者—非照护者状态相关（假设2-c）。

四 研究数据与方法

（一）数据来源

本研究使用了2011—2018年的中国健康与养老追踪调查数据。这是一项全国代表性研究，2011年以来进行每两年一次的访谈，追踪年龄在45岁及以上的受访者及其配偶，提供了有关受访者的工作、退休、人口特征、健康以及照护责任的信息。2011年的试点研究收集了17706个观测数据。2011—2013年，有441名受访者去世，新增了2834名受访者。2015年的数据由于死亡损失了689人，同时增加了574名受访者。2018年损失了997个观测数据，新增了315名受访者。

（二）变量定义及测量

1. 工作—照护者类别和转变

本章用时间投入计算中老年人的角色转变。工作和照护的测量基于每周花在有偿工作或非正式照护上的平均小时数，以此界定两个工作群体（工作和不工作）和两个照护群体（照护和不照护）。工作包括所有形式的有偿工作，如农业工作、受雇工作、家庭经营和自雇工作。照护涉及对家庭成员的非正式照护，包括父母和配偶父母、配偶、成年子女和孙辈。需要指出的是，该数据只有在受访者报告配偶在基本日常生活活动（ADL）或工具性日常生活活动（IADL）中存在困难时，才会记录配偶照护时间。因此，工作—照护类型是一个具有四个类别的分类变量：非工作—非照护者、仅工作者、仅照护者和工作—照护者。工作—照护类别按年份的分布如表 4-1 所示。在 2011 年的分析样本中，有 2542 名受访者被归类为非工作—非照护者，4489 名为仅工作者，1716 名为仅照护者，3779 名为工作—照护者。4 轮的观测数据组合在一起，9133 名个体——年的观测数据为非工作—非照护者，17873 名为仅工作者，6897 名为仅照护者，14651 名为工作—照护者。值得注意的是，工作—照护者类别占据了第二大群体，凸显了其在中老年人群中的普遍性。

表 4-1　　每年工作—照护的类别，CHARLS，2011—2018

年份		非工作者	工作者	总人数
2011	非照护者	2542	4489	7031
	照护者	1716	3779	5495
	总	4258	8268	12526
2013	非照护者	1900	3931	5831
	照护者	1463	3251	4714
	总	3363	7182	10545
2015	非照护者	2050	4924	6974
	照护者	1974	3827	5801
	总	4024	8751	12775

续表

年份		非工作者	工作者	总人数
2018	非照护者	2641	4529	7170
	照护者	1744	3794	5538
	总	4385	8323	12708
总计	非照护者	9133	17873	27006
	照护者	6897	14651	21548
	总	16030	32524	48554

随后，笔者构建了工作—照护类别在每两个研究轮次之间的转变，以研究中老年人中最常见的转变模式。由于这种分析设计，只有参与了至少两个轮次调查的受访者被纳入分析。分析样本限定为 45—75 岁的受访者，因为这个年龄组的人工作和家庭照护转变较为频繁。

工作和家庭照护角色转变的构建涉及将每个可能的起始和后续轮次的观测数据进行配对。例如，对于那些在 2011 年和 2013 年轮次都参与访谈的受访者，他们在 2011 年的工作—照护类别被视为其起始类别，而 2013 年的类别被用作后续类别。一些受访者的访谈可能有所中断。在这种情况下，后续类别是下一个可用轮次的观测数据。例如，如果受访者没有参与 2013 年的轮次，但参与了 2011 年和 2015 年的轮次，那么这个人的起始轮次是 2011 年，后续轮次是 2015 年。任何两个轮次的配对组成一个转变记录。如果受访者回应了多个轮次的访谈，那么可以形成多个转变记录。例如，参与 2011 年、2013 年和 2015 年访谈的受访者可以形成两个转变记录：其一，起始 2011 年，后续 2013 年；其二，起始 2013 年，后续 2015 年。

鉴于每个受访者在两个时间点上各有 4 个类别，总共会产生 16 种转变（和未转变）方式。例如，对于那些参与了 2011 年和 2013 年访谈的人，在2011年报告为非工作—非照护者中，有47.58%保持为非工作—非照护者，23.26%变成了仅工作者，18.41%变成了仅照护者，10.76%变成了工作—照护者。在2011年的仅工作者中，有13.28%变成非工作—非照护者，52.83%保持为仅工作者，6.31%变成了仅照护者，27.58%变成了工作—照护者。在分析样本中构建了共计34461个转变记录。工作—照护类别的转变按年份显示在表4-2中。

表4-2　　　　　　　　工作—照护组别间占比的逐年变化

起始年份	2011	2011	2011	2013	2013	2015	总计
后续年份	2013	2015	2018	2015	2018	2018	
起始时为非工作—非照护者							
至非工作—非照护者（无变化）	9.61%	9.96%	6.67%	4.62%	9.67%	6.90%	8.25%
至仅工作者	4.70%	5.26%	5.00%	3.74%	3.87%	3.00%	3.79%
至仅照护者	3.72%	3.70%	10.00%	3.89%	5.80%	3.48%	3.68%
至工作—照护者	2.17%	2.28%	1.11%	2.37%	1.10%	1.75%	2.03%
起始时为仅工作者							
至非工作—非照护者	4.72%	4.27%	6.67%	3.27%	6.63%	4.13%	4.43%
至仅工作者（无变化）	18.76%	22.76%	11.11%	21.89%	15.75%	21.26%	20.15%
至仅照护者	2.24%	3.56%	3.89%	2.50%	3.59%	2.54%	2.42%
至工作—照护者	9.79%	10.53%	15.00%	11.15%	9.67%	11.26%	10.53%
起始时为仅照护者							
至非工作—非照护者	3.80%	2.99%	6.67%	2.40%	3.31%	3.09%	3.34%
至仅工作者	1.98%	2.84%	2.78%	1.36%	2.21%	1.34%	1.59%
至仅照护者（无变化）	5.02%	5.26%	5.00%	6.37%	7.46%	7.20%	6.07%
至工作—照护者	2.86%	2.13%	3.89%	3.27%	2.49%	3.34%	3.07%
起始时为工作—照护者							
至非工作—非照护者	2.53%	2.70%	2.22%	2.40%	3.04%	1.74%	2.19%
至仅工作者	10.01%	8.96%	3.33%	9.88%	9.12%	7.75%	8.97%

续表

起始年份	2011	2011	2011	2013	2013	2015	总计
后续年份	2013	2015	2018	2015	2018	2018	
至仅照护者	3.40%	3.27%	5.56%	4.00%	5.52%	3.78%	3.67%
至工作—照护者（无变化）	14.70%	9.53%	11.11%	16.90%	10.77%	17.45%	15.82%
合计（人）	11643	703	180	9249	362	11751	34461

注：百分比为各类变化人数占当年总人数的百分比。

在16种可能的转变中，最常见的转变是保持仅工作者角色和保持工作—照护者角色，分别占总样本的20.15%和15.82%。此外，总样本的10.53%从仅工作者转变到工作—照护者，另外的8.97%从工作—照护者转变到仅工作者。考虑到这4个群体的普遍性，它们似乎是中老年人的常见选择，笔者将多元逻辑回归模型限定为8个转变：起始为仅工作者的4种转变和起始为工作—照护者的4种转变。如图4-1所示，在起始仅工作者中，有53.68%在后续轮次仍然保持为仅工作者，而28.06%转变成为工作—照护者；在起始工作—照护者中，有51.62%继续保持双重角色，而29.28%退出照护工作，成为仅工作者。鉴于它们的普遍性，在多元逻辑回归模型中，那些保持其起始工作—照护类别的人被用作参照组，而特别关注那些从仅工作者转变到工作—照护者（即承担照护责任）以及从工作—照护者转变到仅工作者（即停止照护工作）的人。

2. 居住安排

关键的自变量是居住安排，由家庭成员的存在来衡量。本章使用4个二分变量来表明孙子女、成年子女、配偶以及父母或配偶父母的存在。由于居住安排代表照护需求，这些变量根据起始轮次到后续轮次时间间隔内家庭成员的存在来编码。例如，若受访者在起始与后续轮次均

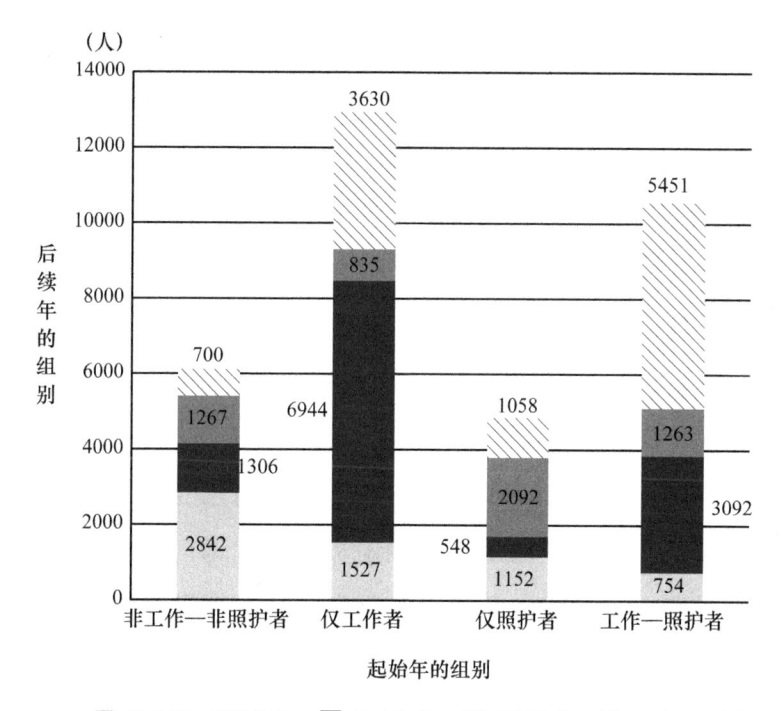

第四章 中老年人工作与家庭照护者角色转变的影响因素

图 4-1 从起始年到后续年期间工作—照护组别的变化情况（N=34461）

报告与孙子女同住（持续需求），或者受访者在起始轮次没有与孙子女同住，但在后续轮次报告与孙子女同住（新出现的需求），则与孙子女同住的变量被赋值为 1。相比之下，那些在两个轮次中都没有与孙子女同住的人（无需求），或者起始时与孙子女同住但在后续轮次不再与孙子女同住的人（需求消失）被赋值为 0。

3. 异质性讨论和协变量

为了全面探讨与特定工作—照护类别选择过程相关的因素，分析中考虑了几个协变量。性别是影响工作—照护转变的关键因素，因为男性和女性对其社会角色有不同的期望。分析也包括了其他人口因素，如年龄和乡村/城镇居住地。与是否与配偶同住高度相关的婚姻状况没有被放进统计模型内。健康状况因其影响工作和提供照护的能力而被纳入统计。健康状况包括自评健康和日常生活活动困难,其中自我评价的健康状况范围从 1 到 5,其中 1 代表非常好,5 代表非常差。日常生活活动包括穿衣、洗澡、进食、上下床以及使用厕所,在日常生活活动中存在的困难总数也被用于衡量健康状况。研究也考虑了社会经济因素,如受教育程度(其中 1 代表初中及以下,2 代表高中和中专,3 代表大专及以上)以及家庭资产的四分位数(该指标表示夫妻层面在金融机构的现金和存款的总价值,由低到高排序,其中 1 代表 25% 及以下,4 代表 76%—100%)。工作性质是通过主要工作的工作部门以及是否全职工作来衡量的。非农业雇用工作被定义为正式部门工作,而农业雇用、农业自雇、非农业自雇和非农业家庭经验被视为非正式部门工作。如果受访者的每周平均工作时间等于或超过 40 小时,则被赋值为全职工作。

(三)分析方法

因为因变量——后续轮次的工作—照护类别是分类变量,所以本研究使用多元逻辑回归来估计与转变到特定类别的概率相关的因素(Berecki-Gisolf et al.,2008)。由于多次受访的个体会提供多个转变记录,回归统计使用了稳健的标准误来控制异质性。

由于在 16 种可能的转变方式中,最常见的转变方式是保持仅工作者、保持工作—照护者、从仅工作者转变到工作—照护者以及从工作—照护者转变到仅工作者,所以多元逻辑回归模型仅限于包括了以上转变的特定 8 种转变方式。这些转变包括了 4 种从起始仅工作者到不同工作—照护类别的转变,以及 4 种从起始工作—照护者到不同工作—照护群体的转变。为了探讨与起始仅工作者的转变相关的因素,笔者使用那些在后续轮次保持为仅工作者的人作为参照组,并将他们与那些在后续轮次转变到其他类别的人进行比较。笔者尤其关注那些承担照护责任并成为工作—照护者的人。同样，为了探讨与起始工作—照护者的转变相关的因素，笔者使用那些继续作为工作—照护者的人作为参照组，将他们与那些在后续轮次转变到其他类别的人进行比较。

此外，笔者还探讨了居住安排对不同性别和居住地组别的工作—照护转变的影响差异。鉴于解释多个变量之间相互作用的系数较为复杂，笔者将全样本（模型1）、男性（模型2）、女性（模型3）、城镇居民（模型4）和乡村居民（模型5）分开进行回归统计，所有模型都包括了社会经济因素协变量。

五 分析结果

表4-3呈现了汇总样本及其基线轮次的子样本的描述性统计数据。由于75岁及以上老年人群参与工作和照护的比例较低，分析样本限制在75岁以下。在所有子样本中，最常见的类别是仅工作者，且男性和乡村居民中的比例较高。在除了城镇居民的其他子样本之中，工作—照护者是第二常见的类别。根据居住安排衡量的照护需求中，超过80%的受访者与配偶同住，其中约一半有共同居住的成年子女。10%的受访者与年幼的孙子女同住，而与父母或配偶父母同住的受访者较少。在人口特征方面，45岁到退休和退休到64岁的人口分别占汇总样本的41%、39%，65岁及以上人口占样本的20%。男性子样本中最年轻年龄组的比例较高，而女性子样本中退休到64岁年龄组的比例较高。女性占汇总样本的52%，63%的受访者居住在乡村地区。样本的平均自评健康状况尚可，男性和城镇居民报告的健康状况稍好。相反，女性和乡村

表 4-3 总样本与分性别及居住地分样本的描述性统计，2011

	总样本		男		女		城镇		乡村	
	平均值	标准误	平均值	标准误	平均值	标准误	平均值	标准误	平均值	标准误
起始年份的工作—照护组别										
非工作—非照护者	0.20	0.40	0.16	0.37	0.24	0.43	0.26	0.44	0.17	0.37
仅工作者	0.36	0.48	0.40	0.49	0.32	0.47	0.28	0.45	0.40	0.49
仅照护者	0.14	0.34	0.10	0.30	0.17	0.37	0.20	0.40	0.10	0.30
工作—照护者	0.30	0.46	0.34	0.47	0.27	0.44	0.25	0.43	0.33	0.47
后续年份的工作—照护组别										
非工作—非照护者	0.21	0.40	0.17	0.38	0.24	0.43	0.26	0.44	0.17	0.38
仅工作者	0.36	0.48	0.39	0.49	0.32	0.47	0.29	0.45	0.40	0.49
仅照护者	0.15	0.35	0.11	0.31	0.18	0.39	0.21	0.41	0.11	0.31
工作—照护者	0.29	0.46	0.33	0.47	0.26	0.44	0.24	0.43	0.32	0.47
居住安排										
在此期间或在后续年份与16岁及以下的孙子女同住	0.10	0.30	0.10	0.29	0.10	0.30	0.08	0.27	0.11	0.31
在此期间或在后续年份与成年子女同住	0.52	0.50	0.52	0.50	0.52	0.50	0.55	0.50	0.50	0.50

第四章 中老年人工作与家庭照护者角色转变的影响因素

续表

	总样本		男		女		城镇		乡村	
	平均值	标准误	平均值	标准误	平均值	标准误	平均值	标准误	平均值	标准误
在此期间或在后续年份与配偶同住	0.87	0.34	0.91	0.29	0.83	0.38	0.86	0.35	0.87	0.34
在此期间或在后续年份与父母或配偶父母同住	0.02	0.13	0.02	0.14	0.02	0.13	0.02	0.14	0.02	0.12
年龄										
45岁—退休	0.41	0.49	0.61	0.49	0.23	0.42	0.42	0.49	0.41	0.49
退休—64岁	0.39	0.49	0.19	0.39	0.58	0.49	0.39	0.49	0.39	0.49
65—74岁	0.20	0.40	0.21	0.41	0.19	0.39	0.19	0.40	0.20	0.40
性别（女=1）	0.52	0.50	0.00	0.00	1.00	0.00	0.53	0.50	0.51	0.50
居住地（乡村=1）	0.63	0.48	0.64	0.48	0.62	0.48	0.00	0.00	1.00	0.00
自评健康（1=非常好）	3.02	0.91	2.92	0.91	3.11	0.90	2.91	0.88	3.08	0.92
日常生活能力量表中存在困难的总数	0.26	0.79	0.20	0.71	0.31	0.85	0.19	0.68	0.30	0.84
受教育程度										
初中及以下	0.88	0.32	0.84	0.36	0.92	0.27	0.80	0.40	0.93	0.25
高中及中专	0.10	0.30	0.13	0.34	0.07	0.25	0.16	0.37	0.06	0.24
大专及以上	0.02	0.12	0.02	0.15	0.01	0.09	0.04	0.19	0.00	0.05
家庭资产四分（由低到高）										

续表

	总样本		男		女		城镇		乡村	
	平均值	标准误	平均值	标准误	平均值	标准误	平均值	标准误	平均值	标准误
25%及以下	0.27	0.44	0.25	0.43	0.28	0.45	0.25	0.43	0.28	0.45
26%—50%	0.24	0.42	0.24	0.42	0.23	0.42	0.19	0.40	0.26	0.44
51%—75%	0.24	0.43	0.24	0.43	0.24	0.42	0.24	0.43	0.24	0.43
76%—100%	0.26	0.44	0.27	0.44	0.25	0.43	0.32	0.47	0.23	0.42
工作类别（体制内=1）	0.17	0.38	0.25	0.43	0.10	0.30	0.24	0.43	0.13	0.34
平均每周工作时长大于等于40小时（是=1）	0.45	0.50	0.53	0.50	0.37	0.48	0.38	0.48	0.49	0.50
总样本	12526		6027		6499		4614		7912	

子样本报告的日常生活活动中的困难略多。超80%的样本报告其教育水平为初中及以下。就家庭资产而言，城镇居民平均比乡村居民更富裕，其中更大比例的个体属于最高分位数。平均来看，样本中有17%的个体拥有正式部门的工作，而男性和城镇居民中这一比例较高。约有一半的样本报告每周工作40小时或更多，在男性和乡村居民中比例更高。

（一）基线仅工作者的转变

在表4-4中，显示了从起始仅工作者转变到后续不同工作—照护类别的变化与相关的变量。在所有子样本中，与那些继续为仅工作者的人相比，与年幼的孙子女同住与转变到照护角色的可能性呈正相关，无论是作为仅照护者还是工作—照护者。家庭中有成年子女的存在略微增加了女性和乡村居民承担照护工作的可能性。此外，与配偶同住对增加承担照护工作的可能性有边际影响，并减少了起始仅工作者退出劳动力市场的可能性。此外，与父母或配偶父母同住略微增加了成为工作—照护者的可能性。总之，与所有类型的家庭成员同住会增加从仅工作者转变到工作—照护者的可能性，与年幼的孙子女同住的效应最为显著。

仅工作者的转变中的性别和城乡差异也被讨论。结果表明，与男性工作者相比，乡村地区的女性工作者更有可能退出劳动力市场，成为仅照护者或非工作—非照护者。然而，与男性工作者相比，女性工作者成为工作—照护者的可能性更低。无论性别如何，乡村居民退出劳动力市场的可能性都较低，但他们也并未显示出有承担双重负担的更高可能性。此外，年龄较大的群体更有可能成为非工作—非照护者或仅照护者，而尚未达到退休年龄的人则不太可能成为工作—照护者。较差的健康状况与更高的退出劳动力市场的可能性相关，但不会影响转变到工作

——照护者的角色。

就社会经济因素而言，教育和家庭资产对仅工作者的转变几乎没有影响。相比之下，全职工作与转变到照护类别的可能性显示出显著负相关，表明工作时间较长的工作者更倾向于继续工作。有趣的是，具有正式部门工作的女性更有可能成为仅照护者，而有正式部门工作的女性和城镇居民更不太可能转变为工作—照护者。

表4-4　使用稳健标准误的多元逻辑回归结果：仅工作者转变为其他工作—照护类别的相对危险比

(Relative Risk Ratios)，N=12309

非工作—非照护者 vs. 仅工作者	总样本 模型1 相对危险比 (SE)	男 模型2 相对危险比 (SE)	女 模型3 相对危险比 (SE)	城镇 模型4 相对危险比 (SE)	乡村 模型5 相对危险比 (SE)
与16岁及以下的孙子女同住	0.825 (0.158)	0.721 (0.229)	0.887 (0.215)	0.755 (0.269)	0.855 (0.196)
与成年子女同住	0.988 (0.062)	0.942 (0.087)	1.040 (0.089)	0.820 (0.089)	1.075 (0.083)
与配偶同住	0.638*** (0.052)	0.566*** (0.692)	0.680*** (0.075)	0.726* (0.115)	0.606*** (0.059)
与父母或配偶父母同住	0.963 (0.212)	1.188 (0.374)	0.834 (0.255)	1.404 (0.521)	0.799 (0.223)
性别（女=1）	1.160* (0.078)			1.073 (0.13)	1.199* (0.098)
居住地（乡村=1）	0.630*** (0.044)	0.572*** (0.058)	0.686*** (0.066)		

续表

非工作—非照护者 vs. 仅工作者	总样本 模型1 相对危险比 (SE)	男 模型2 相对危险比 (SE)	女 模型3 相对危险比 (SE)	城镇 模型4 相对危险比 (SE)	乡村 模型5 相对危险比 (SE)
年龄（参照组=45岁—退休）					
退休—64岁	1.790***	1.798***	1.727***	2.074***	1.669***
	(0.147)	(0.232)	(0.193)	(0.285)	(0.171)
65—74岁	3.079***	3.110***	3.025***	2.787***	3.146***
	(0.266)	(0.352)	(0.406)	(0.461)	(0.323)
自评健康（1=非常好）	1.149***	1.181**	1.124*	0.984	1.238***
	(0.042)	(0.064)	(0.055)	(0.061)	(0.056)
日常生活能力量表中存在困难的总数	1.149**	1.187*	1.127*	1.281*	1.105*
	(0.051)	(0.086)	(0.063)	(0.131)	(0.055)
受教育程度（参照组=初中及以下）					
高中及中专	0.970	0.825	1.233	1.021	0.855
	(0.109)	(0.129)	(0.205)	(0.152)	(0.153)
大专及以上	1.110	1.147	1.118	1.037	1.229
	(0.305)	(0.380)	(0.551)	(0.310)	(0.817)
家庭资产四分（参照组=25%及以下）					
26%—50%	1.120	1.247	1.023	1.214	1.082
	(0.097)	(0.159)	(0.120)	(0.204)	(0.110)
51%—75%	1.099	1.065	1.131	1.143	1.091
	(0.099)	(0.141)	(0.139)	(0.195)	(0.116)
76%—100%	0.982	0.932	1.025	0.955	1.010
	(0.089)	(0.126)	(0.127)	(0.157)	(0.112)
工作类别（体制内=1）	1.023	1.005	1.026	1.060	0.975
	(0.082)	(0.111)	(0.119)	(0.131)	(0.106)
平均每周工作时长大于等于40小时（是=1）	0.720***	0.749**	0.695***	0.748*	0.702***
	(0.046)	(0.72)	(0.06)	(0.088)	(0.054)

续表

工作—照护者 vs. 仅工作者	总样本 模型1 相对危险比 (SE)	男 模型2 相对危险比 (SE)	女 模型3 相对危险比 (SE)	城镇 模型4 相对危险比 (SE)	乡村 模型5 相对危险比 (SE)
与16岁及以下的孙子女同住	6.506*** (0.826)	5.777*** (1.195)	6.776*** (1.115)	5.270*** (1.214)	7.236*** (1.100)
与成年子女同住	1.154 (0.095)	1.013 (0.130)	1.273* (0.138)	0.912 (0.126)	1.302** (0.132)
与配偶同住	1.244 (0.158)	1.386 (0.294)	1.145 (0.186)	1.158 (0.260)	1.303 (0.203)
与父母或配偶父母同住	0.924 (0.202)	1.019 (0.354)	0.904 (0.254)	1.475 (0.553)	0.728 (0.196)
性别（女=1）	1.169 (0.106)			0.984 (0.150)	1.278* (0.146)
居住地（乡村=1）	0.597*** (0.052)	0.513*** (0.066)	0.681** (0.080)		
年龄（参照组=45岁—退休）					
退休—64岁	2.497*** (0.263)	3.128*** (0.478)	2.049*** (0.274)	3.054*** (0.522)	2.251*** (0.300)
65—74岁	2.420*** (0.290)	2.603*** (0.406)	2.060*** (0.376)	2.559*** (0.569)	2.313*** (0.329)
自评健康（1=非常好）	1.163** (0.054)	1.139 (0.081)	1.177** (0.071)	1.165* (0.091)	1.155* (0.066)
日常生活能力量表中存在困难的总数	0.976 (0.067)	0.966 (0.114)	0.980 (0.083)	0.994 (0.145)	0.975 (0.076)
受教育程度（参照组=初中及以下）					
高中及中专	1.077 (0.150)	1.237 (0.223)	0.991 (0.220)	1.094 (0.206)	1.016 (0.217)

续表

工作—照护者 vs. 仅工作者	总样本 模型1 相对危险比 (SE)	男 模型2 相对危险比 (SE)	女 模型3 相对危险比 (SE)	城镇 模型4 相对危险比 (SE)	乡村 模型5 相对危险比 (SE)
大专及以上	0.759 (0.291)	0.855 (0.381)	0.640 (0.463)	0.609 (0.279)	1.350 (0.988)
家庭资产四分（参照组=25%及以下）					
26%—50%	1.010 (0.114)	0.926 (0.158)	1.078 (0.162)	1.097 (0.235)	0.978 (0.130)
51%—75%	0.993 (0.115)	0.825 (0.147)	1.145 (0.176)	1.119 (0.244)	0.946 (0.132)
76%—100%	0.787* (0.094)	0.705 (0.127)	0.843 (0.135)	0.914 (0.196)	0.721* (0.108)
工作类别（休制内=1）	1.169 (0.116)	0.931 (0.135)	1.419** (0.189)	1.263 (0.186)	1.109 (0.152)
平均每周工作时长大于等于40小时（是=1）	0.697*** (0.057)	0.722* (0.092)	0.669*** (0.073)	0.652** (0.093)	0.716*** (0.072)

工作—照护者 vs. 仅工作者	总样本 模型1 相对危险比 (SE)	男 模型2 相对危险比 (SE)	女 模型3 相对危险比 (SE)	城镇 模型4 相对危险比 (SE)	乡村 模型5 相对危险比 (SE)
与16岁及以下的孙子女同住	6.781*** (0.583)	7.377*** (0.884)	6.058*** (0.754)	6.885*** (1.185)	6.798*** (0.680)
与成年子女同住	1.143** (0.051)	1.079 (0.064)	1.221** (0.084)	0.951 (0.081)	1.226*** (0.065)
与配偶同住	1.572*** (0.127)	2.026*** (0.253)	1.252* (0.136)	1.484* (0.235)	1.611*** (0.151)

续表

工作—照护者 vs. 仅工作者	总样本 模型1 相对危险比 (SE)	男 模型2 相对危险比 (SE)	女 模型3 相对危险比 (SE)	城镇 模型4 相对危险比 (SE)	乡村 模型5 相对危险比 (SE)
与父母或配偶父母同住	1.491** (0.201)	1.382 (0.262)	1.579* (0.303)	1.824* (0.467)	1.376* (0.219)
性别（女=1）	0.776*** (0.038)			0.771** (0.072)	0.785*** (0.046)
居住地（乡村=1）	0.969 (0.050)	1.014 (0.680)	0.908 (0.073)		
年龄（参照组=45岁—退休）					
退休—64岁	1.227*** (0.067)	1.184* (0.100)	1.284** (0.099)	1.338** (0.139)	1.191** (0.077)
65—74岁	0.886 (0.062)	0.876 (0.767)	0.905 (0.107)	0.860 (0.129)	0.896 (0.071)
自评健康（1=非常好）	1.022 (0.025)	1.025 (0.033)	1.014 (0.038)	1.000 (0.048)	1.030 (0.030)
日常生活能力量表中存在困难的总数	1.048 (0.041)	1.073 (0.062)	1.026 (0.547)	1.155 (0.100)	1.028 (0.045)
受教育程度（参照组=初中及以下）					
高中及中专	0.957 (0.072)	0.916 (0.081)	1.038 (0.150)	0.854 (0.099)	1.060 (0.105)
大专及以上	0.800 (0.165)	0.623* (0.150)	1.752 (0.688)	0.874 (0.207)	0.627 (0.278)
家庭资产四分（参照组=25%及以下）					
26%—50%	1.063 (0.069)	1.072 (0.095)	1.055 (0.101)	0.924 (0.127)	1.104 (0.082)

续表

工作—照护者 vs. 仅工作者	总样本	男	女	城镇	乡村
	模型 1	模型 2	模型 3	模型 4	模型 5
	相对危险比	相对危险比	相对危险比	相对危险比	相对危险比
	(SE)	(SE)	(SE)	(SE)	(SE)
51%—75%	1.015	0.979	1.076	0.922	1.045
	(0.067)	(0.087)	(0.106)	(0.125)	(0.079)
76%—100%	0.917	0.919	0.932	0.843	0.939
	(0.060)	(0.081)	(0.092)	(0.107)	(0.072)
工作类别（体制内=1）	0.893*	1.002	0.681***	0.835*	0.938
	(0.048)	(0.067)	(0.067)	(0.076)	(0.063)
平均每周工作时长大于等于40小时（是=1）	0.889*	0.930	0.849*	0.861	0.899
	(0.042)	(0.061)	(0.059)	(0.081)	(0.050)
N	12309	6562	5747	3605	8704

注：*** $p<0.001$，** $p<0.01$，* $p<0.05$，括号内为标准误。

笔者特别强调那些从仅工作者转变为工作—照护者的个体与保持为仅工作者的个体的区别。为此，在表 4-5 中，笔者计算了在起始轮次的仅工作者中，不同性别和城乡居住地的受访者在不同的居住安排（在其他协变量保持在均值水平的情况下）后续轮次中进入每个工作—照护类别的概率。当独居时，超过 60% 的男性、女性和乡村居民会继续保持为仅工作者，而不到 20% 的人会转为工作—照护者。然而，在与孙子女同住，存在与孙子女相关的需求时，各性别和居住地子组中只有不超过 30% 的受访者会保持在仅工作者的类别。相反，与孙子女同住 56% 的男性、48% 的女性、49% 的城镇居民和 54% 的乡村居民会转变为工作—照护者。

表 4-5　　　分居住安排在后续年份的工作—照护类别边际可能性

		男	女	城镇	乡村
独自居住	非工作—非照护者	0.16	0.19	0.22	0.15
	仅工作者	0.61	0.62	0.57	0.64
	仅照护者	0.04	0.05	0.06	0.04
	工作—照护者	0.19	0.15	0.16	0.17
与孙子女同住	非工作—非照护者	0.06	0.07	0.08	0.06
	仅工作者	0.27	0.30	0.26	0.29
	仅照护者	0.11	0.14	0.17	0.11
	工作—照护者	0.56	0.48	0.49	0.54
与成年子女同住	非工作—非照护者	0.15	0.18	0.21	0.15
	仅工作者	0.60	0.61	0.55	0.62
	仅照护者	0.04	0.05	0.06	0.04
	工作—照护者	0.21	0.16	0.18	0.19
与配偶同住	非工作—非照护者	0.10	0.12	0.14	0.09
	仅工作者	0.58	0.60	0.55	0.61
	仅照护者	0.05	0.06	0.07	0.04
	工作—照护者	0.28	0.23	0.24	0.26
与父母或配偶父母同住	非工作—非照护者	0.14	0.17	0.20	0.14
	仅工作者	0.57	0.58	0.53	0.59
	仅照护者	0.03	0.04	0.05	0.03
	工作—照护者	0.26	0.21	0.22	0.24

(二) 基线工作—照护的转变

在表 4-6 中，笔者展示了与起始工作—照护者的转变相关的变量，参照组为继续保持双重角色类别的人。结果表明，在男性中，与孙子女同住与转变为仅照护者显著负相关。无论性别，与孙子女同住都与成为仅工作者负相关。由此可见，与孙子女同住的工作—照护者可能会认为很难停止照护责任。与成年子女同住稍微降低了男性和乡村居民转变为仅工作者的可能性，同时增加了转变为仅照护者的可能性。与配偶同住显著降低了城镇居民转变为非工作—非照护者和仅照护者的可能性。除女性外，与配偶同住也降低了成为仅工作者的可能性。然而，与父母或配偶父母同住并没有显示出任何统计显著的影响。

表4-6 使用稳健标准误的多元逻辑回归结果：工作—照护者转变为其他工作—照护类别的相对危险比

（Relative Risk Ratios），N=10241

非工作—非照护者 vs. 工作—照护者	总样本 模型1 相对危险比 (SE)	男 模型2 相对危险比 (SE)	女 模型3 相对危险比 (SE)	城镇 模型4 相对危险比 (SE)	乡村 模型5 相对危险比 (SE)
与16岁及以下的孙子女同住	0.310*** (0.044)	0.251*** (0.057)	0.364*** (0.067)	0.386*** (0.106)	0.290*** (0.049)
与成年子女同住	1.095 (0.091)	1.271 (0.157)	0.963 (0.110)	0.827 (0.126)	1.239* (0.125)
与配偶同住	0.452*** (0.054)	0.247*** (0.048)	0.602*** (0.090)	0.422*** (0.104)	0.459*** (0.064)
与父母或配偶父母同住	0.758 (0.174)	0.733 (0.256)	0.777 (0.237)	0.412 (0.223)	0.879 (0.225)
性别（女=1）	1.342** (0.133)			1.380 (0.261)	1.284* (0.149)
居住地（乡村=1）	0.824* (0.076)	0.794 (0.107)	0.852 (0.110)		
年龄（参照组=45岁—退休）					
退休—64岁	1.507*** (0.170)	1.778*** (0.282)	1.131 (0.177)	1.641* (0.328)	1.452** (0.199)
65—74岁	4.044*** (0.496)	4.838*** (0.740)	2.823*** (0.571)	3.835*** (0.95)	4.000*** (0.575)
自评健康（1=非常好）	1.136** (0.054)	1.163* (0.086)	1.113 (0.072)	1.424*** (0.138)	1.040 (0.057)

续表

非工作—非照护者 vs. 工作—照护者	总样本 模型1 相对危险比 (SE)	男 模型2 相对危险比 (SE)	女 模型3 相对危险比 (SE)	城镇 模型4 相对危险比 (SE)	乡村 模型5 相对危险比 (SE)
日常生活能力量表中存在困难的总数	1.016 (0.067)	1.052 (0.113)	1.013 (0.085)	1.129 (0.161)	0.993 (0.074)
受教育程度（参照组=初中及以下）					
高中及中专	1.068 (0.175)	1.275 (0.254)	0.795 (0.241)	1.361 (0.321)	0.842 (0.203)
大专及以上	1.191 (0.522)	1.168 (0.719)	0.913 (0.567)	1.358 (0.638)	0.000*** (0.000)
家庭资产四分（参照组=25%及以下）					
26%—50%	1.058 (0.121)	1.225 (0.211)	0.936 (0.145)	0.962 (0.228)	1.082 (0.142)
51%—75%	0.993 (0.118)	1.198 (0.214)	0.839 (0.135)	0.894 (0.207)	1.039 (0.144)
76%—100%	1.073 (0.132)	1.163 (0.217)	0.971 (0.161)	1.277 (0.284)	0.950 (0.147)
工作类别（体制内=1）	1.372** (0.146)	1.127 (0.161)	2.048*** (0.335)	1.758** (0.303)	1.128 (0.163)
平均每周工作时长大于等于40小时（是=1）	0.760** (0.064)	0.800 (0.1)	0.731** (0.083)	0.801 (0.129)	0.742** (0.074)

仅工作者 vs. 工作—照护者	总样本 模型1 相对危险比 (SE)	男 模型2 相对危险比 (SE)	女 模型3 相对危险比 (SE)	城镇 模型4 相对危险比 (SE)	乡村 模型5 相对危险比 (SE)
与16岁及以下的孙子女同住	0.235*** (0.019)	0.244*** (0.027)	0.227*** (0.028)	0.290*** (0.044)	0.217*** (0.021)

续表

仅工作者 vs. 工作—照护者	总样本 模型1 相对危险比 (SE)	男 模型2 相对危险比 (SE)	女 模型3 相对危险比 (SE)	城镇 模型4 相对危险比 (SE)	乡村 模型5 相对危险比 (SE)
与成年子女同住	0.857** (0.041)	0.848** (0.054)	0.872 (0.063)	0.924 (0.083)	0.835** (0.047)
与配偶同住	0.706*** (0.059)	0.473*** (0.065)	0.901 (0.096)	0.566*** (0.094)	0.760** (0.073)
与父母或配偶父母同住	1.119 (0.135)	1.109 (0.18)	1.117 (0.202)	1.240 (0.27)	1.070 (0.155)
性别（女=1）	1.249*** (0.071)			1.300* (0.14)	1.220** (0.081)
居住地（乡村=1）	0.995 (0.055)	0.981 (0.072)	1.014 (0.086)		
年龄（参照组=45岁—退休）					
退休—64岁	0.847** (0.051)	0.939 (0.078)	0.799* (0.072)	0.826 (0.093)	0.857* (0.061)
65—74岁	1.429*** (0.111)	1.314** (0.129)	1.598*** (0.212)	1.527** (0.250)	1.400*** (0.125)
自评健康（1=非常好）	0.991 (0.027)	0.990 (0.035)	0.996 (0.041)	0.955 (0.049)	1.003 (0.032)
日常生活能力量表中存在困难的总数	0.910* (0.039)	0.846* (0.06)	0.949 (0.052)	0.984 (0.098)	0.893* (0.043)
受教育程度（参照组=初中及以下）					
高中及中专	1.088 (0.090)	1.111 (0.106)	0.998 (0.171)	1.423** (0.181)	0.910 (0.100)
大专及以上	1.521 (0.382)	1.859* (0.552)	0.740 (0.337)	1.907* (0.542)	0.830 (0.489)

续表

仅工作者 vs. 工作—照护者	总样本	男	女	城镇	乡村
	模型1	模型2	模型3	模型4	模型5
	相对危险比	相对危险比	相对危险比	相对危险比	相对危险比
	(SE)	(SE)	(SE)	(SE)	(SE)
家庭资产四分（参照组=25%及以下）					
26%—50%	0.944	0.925	0.983	0.898	0.956
	(0.064)	(0.086)	(0.100)	(0.126)	(0.075)
51%—75%	1.043	1.045	1.049	0.968	1.063
	(0.071)	(0.096)	(0.106)	(0.128)	(0.084)
76%—100%	1.043	1.095	0.978	0.989	1.069
	(0.073)	(0.103)	(0.103)	(0.131)	(0.089)
工作类别（体制内=1）	1.063	0.903	1.586***	1.009	1.079
	(0.065)	(0.066)	(0.179)	(0.101)	(0.082)
平均每周工作时长大于等于40小时（是=1）	1.163**	1.187*	1.156*	1.244*	1.135*
	(0.060)	(0.086)	(0.085)	(0.125)	(0.068)

仅照护者 vs. 工作—照护者	总样本	男	女	城镇	乡村
	模型1	模型2	模型3	模型4	模型5
	相对危险比	相对危险比	相对危险比	相对危险比	相对危险比
	(SE)	(SE)	(SE)	(SE)	(SE)
与16岁及以下的孙子女同住	0.797*	0.743*	0.827	0.794	0.814
	(0.07)	(0.106)	(0.094)	(0.127)	(0.087)
与成年子女同住	1.252**	1.252*	1.242*	1.183	1.285**
	(0.086)	(0.133)	(0.112)	(0.139)	(0.109)
与配偶同住	0.752**	0.656	0.810	0.590**	0.823
	(0.08)	(0.147)	(0.098)	(0.112)	(0.107)
与父母或配偶父母同住	0.927	0.870	0.958	0.610	1.077
	(0.127)	(0.194)	(0.17)	(0.166)	(0.171)
性别（女=1）	1.673***			1.548***	1.741***
	(0.131)			(0.206)	(0.17)

续表

仅照护者 vs. 工作—照护者	总样本 模型1 相对危险比 (SE)	男 模型2 相对危险比 (SE)	女 模型3 相对危险比 (SE)	城镇 模型4 相对危险比 (SE)	乡村 模型5 相对危险比 (SE)
居住地（乡村=1）	0.613*** (0.045)	0.599*** (0.066)	0.618*** (0.061)		
年龄（参照组=45岁—退休）					
退休—64岁	1.562*** (0.136)	1.600*** (0.205)	1.431** (0.177)	2.019*** (0.29)	1.345** (0.145)
65—74岁	2.372*** (0.258)	2.617*** (0.365)	1.994*** (0.35)	2.552*** (0.512)	2.218*** (0.288)
自评健康（1=非常好）	1.125** (0.044)	1.227*** (0.073)	1.060 (0.055)	1.114 (0.075)	1.133** (0.054)
日常生活能力量表中存在困难的总数	1.067 (0.054)	1.149 (0.102)	1.047 (0.063)	1.079 (0.115)	1.076 (0.062)
受教育程度（参照组=初中及以下）					
高中及中专	1.261 (0.157)	1.456* (0.224)	0.944 (0.206)	1.424* (0.252)	1.168 (0.207)
大专及以上	1.391 (0.543)	2.146 (0.931)	0.380 (0.299)	1.197 (0.524)	2.460 (1.943)
家庭资产四分（参照组=25%及以下）					
26%—50%	0.942 (0.089)	0.836 (0.124)	1.022 (0.127)	0.928 (0.159)	0.948 (0.109)
51%—75%	0.910 (0.088)	0.763 (0.117)	1.018 (0.128)	0.621** (0.108)	1.108 (0.128)
76%—100%	1.144 (0.110)	1.287 (0.184)	1.020 (0.133)	1.016 (0.165)	1.199 (0.145)
工作类别（体制内=1）	1.069 (0.095)	0.971 (0.115)	1.431* (0.201)	1.244 (0.163)	0.926 (0.117)

续表

仅照护者 vs. 工作—照护者	总样本	男	女	城镇	乡村
	模型1	模型2	模型3	模型4	模型5
	相对危险比	相对危险比	相对危险比	相对危险比	相对危险比
	(SE)	(SE)	(SE)	(SE)	(SE)
平均每周工作时长大于等于40小时（是=1）	0.742***	0.666***	0.809*	0.760*	0.738***
	(0.05)	(0.07)	(0.071)	(0.09)	(0.061)
N	10241	5509	4732	2995	7246

注：*** $p<0.001$，** $p<0.01$，* $p<0.05$，括号内为标准误。

在性别差异上，女性工作—照护者比男性更有可能转变为非工作—非照护者。此外，无论居住地，女性工作—照护者更有可能成为仅工作者或仅照护者。乡村居民比城镇居民更不太可能成为仅照护者。随着受访者年龄的增长，他们倾向于从双重角色转变到责任较少的群体，退休年龄到64岁的人群除外（他们转变为仅工作者的可能性较低）。健康状况不佳会促使个体转变为非工作—非照护者，但降低他们转变为仅工作者的可能性。在社会经济地位方面，较高的教育水平会增加男性和城镇工作—照护者转变为仅工作者的可能性。对女性而言，正式部门工作会增加转变为其他类别的可能性。长时间的工作会增加转变为仅工作者的可能性，但会降低转变为非工作—非照护者的可能性。

六　研究结论与讨论

本章利用中国健康与养老追踪调查的数据，探讨了中老年人工作和照护类别的转变，同时控制了社会人口学和与健康相关的变量。研究结果表明，与家庭成员同住提高了中老年仅工作者转变为工作—照护者的可能性，降低了工作—照护者转变为其他类别的可能性。这呼应了生命历程理论，即个体的职业轨迹与家庭生活紧密相连，并会根据社会关系变化而作出转变。最显著的影响因素是与年幼的孙辈同住，强调了照护需求的重要性。此外，性别和居住地也影响了个体在工作和照护角色之间的转变。长时间的工作时间显著地限制了个体平衡多重责任的能力。

由于起始仅工作者和起始工作—照护者占样本总量大多数，本章关注的是这两个人群的转变。对于仅工作者和工作—照护者来说，承担和维持照护工作的决策主要受到照护需求的驱动，这一需求表现在居住安排上。具体来说，年幼的孙辈、配偶、父母或配偶父母的存在都使仅工作者更有可能承担照护工作，而不是继续作为无照护责任的工作者。此外，对于工作—照护者来说，与孙辈和配偶同住降低了他们退出照护工作的可能性。因此，在这两种情况下，假设 1-a 和 1-c 都得到了支持，而 1-d 在部分情况下得到了支持。此外，在仅工作者中，孙辈的存在也提高了他们成为仅照护者的可能性，而与配偶、父母或配偶父母的同住只增加了成为工作—照护者的可能性。这可能是由于老年人积极育儿角色的日益普及和重视，祖父母更倾向于专心照顾孙子女。然而，成年子女的存在增加了女性和乡村居民转为工作—照护者而非继续仅工作者的可能性，这与假设 1-b 相反。对于中老年工作—照护者来说，与成年子女同住的人不太可能成为仅工作者，但有可能成为仅照护者。这一发现可以有多种解释，比如老年人因为需要照护而搬去与成年子女同住，或出于家庭分工，成年子女更倾向于对家庭进行经济上的支持而非提供照护帮助。此外，成年子女的婚姻状况可能对确定老年人的经济支持需求和他们在家庭事务中的协助，如家务和抚养子女，起着重要作用。

在人口因素方面，假设 2-a 得到了支持，表明女性仅工作者更有可能选择退出工作，成为非工作—非照护者，同时不太可能成为工作—照护者。女性工作—照护者更倾向于转变到其他类别，而不是继续留在工作—照护者的组别中。相反，乡村仅工作者对工作有更强的承诺，他们不太可能选择退出工作成为仅照护者，也没有转变为工作—照护者的倾向，而是更可能继续保持为仅工作者。这些发现与设想乡村居民对工作的依附性较弱的假设2-b相矛盾。乡村工作者对劳动市场的更强依附性可能归因于养老保险制度的保护不足。由于缺乏足够的养老金收入，乡村居民不得不继续工作，以维持生计（Xu et al., 2021）。

在社会经济因素方面，社会经济地位和受教育程度的影响似乎有限。然而，在正式工作部门工作的影响因素可能会增加从工作者到照护者转变的可能性，但仅限于女性。此外，正式部门的女性工作者更不可能从仅工作者转变为工作—照护者，尤其是在城镇居民中。对于在正式部门工作的女性工作—照护者，她们更倾向于转入其他类别，如非工作—非照护者、仅工作者或仅照护者，而不是继续保持工作—照护者这一双重负担角色。这一发现支持了正式部门工作可能会限制个体处理多任务、平衡就业和照顾责任的灵活性的假设。由于社会期望女性将照护责任置于就业之上，当正式部门工作加剧时间稀缺和角色冲突时，她们倾向于退出劳动力市场，成为仅照护者。有趣的是，即使在控制长时间工作时，正式部门工作的影响仍然显著。全职或长时间工作的工作者不太可能退出工作，也不太可能转变为工作—照护者，尤其对于女性来说。在工作—照护者中，更长的工作时间增加了转变为仅工作者的可能性，降低了成为非工作—非照护者和仅照护者的可能性。因此，工作时间可能不一定会限制个人平衡就业和照顾责任的能力，而是表示对劳动力市场的强烈依附（Berecki-Gisolf et al., 2008）。

总的来说，年龄较大和健康较差通常会增加个体转变为非工作—非照护者、仅工作者或仅照护者的可能性。此外，这些个体更有可能成为照护者，而不是继续留在劳动力市场。

本章并非没有局限性。当前的研究结果基于 CHARLS 调查的自我报告数据，而 7 年的时间跨度可能不足以捕捉中老年人在责任和居住安排方面的全部转变。未来的研究可能希望探索工作和照护的强度，以及与工作条件相关的其他因素，如体力需求和轮班安排。还应注意，居住安排是对照护需求而非照护行为的间接度量。

政策方面的启示包括推进日托中心和幼儿园等设施建设，以分担由工作中的祖父母承担的照护责任，鉴于年幼的孙辈对中老年人转变为工作—照护者角色产生重大影响，正规部门工作和长时间工作的影响，本章还强调了制定灵活的工作安排政策和提供休息时间，以支持女性工作—照护者继续参与劳动力市场的重要性。

第五章

工作与家庭照护对中老年人主观幸福感的影响

——基于工作强度差异的分析

虽然已有大量文献分析就业和非正式照护分别对于个体健康的影响，但鲜有研究关注两者对中老年人健康的共同影响。本章探讨中老年人同时承担有偿工作和非正式照护时主观幸福感的变化。本章主要利用了角色理论的两个观点：角色紧张和角色增强。角色紧张认为同时承担工作和照护的双重负担会使人的生活满意度降低，抑郁程度增加。相反，角色增强认为当承担多个角色时，个人的资源得到积累，履行角色的行为也会带来满足感，因此主观幸福感会提高。本章使用中国健康与养老追踪调查（CHARLS，2011—2018）的数据，关注中老年工作—照护者在生活满意度和抑郁程度上的不同经历，分析工作和家庭照护的综合作用如何因工作和照护的强度、个人的性别、居住地、社会经济地位和社交隔离水平而异。基于随机效应模型的分析显示，与不工作也不提供非正式照护的人相比，低强度的工作—照护者显示出更高的生活满意度。只有女性工作—照护者会经历更多的抑郁症状，特别是在工作和照护时间较长的情况下。社会经济地位和社会孤立程度也调节了工作—照护者角色对主观幸福感的影响。这些结果同时支持了角色增强和角色紧张观点。本章建议政府增加对正式照护设施的投资,以减轻中老年人的家庭照护负担。

一 研究背景与意义

中老年人通常和离退休人员画上等号。人们认为他们通常很少参与生产性活动,偶尔扮演家庭领域的被照护者或照护者。然而,越来越多关于积极老龄化的文献提供了证据,表明老年人通过参加有偿工作、照护他人和做家务活动,积极为家庭和社会的福祉做出贡献(Kim, 2019; Li et al., 2014; Lum, 2013)。平衡多种责任并非易事,"双重负担"或"第二工作"这个术语就是被创造出来描述许多中年女性面临的工作与生活冲突现象(Bratberg et al., 2002; Hochschild & Machung, 2012)。部分研究已经探讨了工作和照护职责的双重负担对于中年女性带来的潜在危害(Floderus et al., 2009; Hewitt et al., 2006)。然而,对于中老年人群中双重责任的健康后果,以及他们面临来自各个生活领域的复杂需求和潜在的慢性疾病的早发性的问题,我们知之甚少(Lachman, 2004)。大多数关于双重负担群体健康后果的研究集中在工作年龄的女性身上,而老年人则鲜有探讨(Chen et al., 2020)。与此同时,对于老年群体的研究大多将工作或照护与健康之间的关联分开处理,并未考虑工作和照护责任的共同影响(Freedman et al., 2019)。

尽管参与多个角色可能通过角色履行来增进主观幸福感,但工作和照护责任的过多要求也可能成为压力的来源,特别是当这种角色过载在生命过程中持续积累时。现有研究已经提出，老年时期来自有偿工作或家庭照护的需求或压力与心理健康结果的变化之间存在关联，而这些心理健康结果与死亡率、患病率和生活质量有关（Baker & Silverstein, 2008; Freedman et al., 2019; Gao et al., 2018; Liu & Lou, 2017; Liu et al., 2019; Wang et al., 2019）。然而，根据需求强度和国家背景的不同，研究得出的实证结果各不相同（Gessa et al., 2020; Nakagawa et al., 2021）。

作为发展中国家，中国各年龄段和各性别的劳动参与率都很高，老年人在家庭中扮演着重要的角色，并积极参与家庭事务。面对人口老龄化加速的挑战，中国政府已经开始着手逐步延迟男、女职工的法定退休年龄，此举可能会加剧老年人工作与生活之间的冲突。儒家文化重视家庭作用，社会伦理崇尚孝道和赡养义务，使家庭成员应当互相承担照护责任、代际纽带应该紧密强烈，成为主流观点（Chen & Liu, 2009），文化规范中对家庭成员的照护期望可能会转化为中老年人的情感回报。本书中，笔者探讨了健康研究中一个亟待关注的领域，即晚年生活阶段中工作和家庭双重责任的健康后果。

二　文献综述

（一）关于角色理论的研究

过往文献中许多关于工作和照护冲突及其对健康影响的研究都是基于角色理论构建的。角色增强和角色紧张的观点是角色理论的两个主要组成部分。两者都旨在阐述一个人同时扮演多个角色的情况，但随着需求或强度的不同，会导致不同的健康结果（Rozario et al., 2004）。角色增强观点认为，扮演多个角色可以通过提高自尊和生活满意度来增强主观幸福感（Mirowsky & Ross，1986）。这种有益的影响还可能是由于个体的权力、声望、资源和情感满足在履行不同角色职责时得到交流和增强（Goode，1960；Moen et al.，1995）。与之相反，角色紧张观点表明，由于对个体提出的许多要求往往不一致，甚至相互矛盾，个体的时间和资源受到限制（Marks，1977；Moen et al.，1995；Sieber，1974），由此造成的角色紧张导致工作和家庭中出现不满意的情况，因此产生紧张、生活压力，最终造成不利于健康的结果（Davis et al.，2008）。需要注意的是，这两种角色观点并非相互对立，而是可以同时作用于个体。

（二）关于健康结果的研究

近年来，由于大多数非正式照护者寻求在照护责任和有偿工作之间取得平衡，学者们开始对个体福祉如何被照护和工作造成的双重压力影响进行实证研究；然而，正如存在方向相反的两组角色观点那样，众多研究结果也无法达成一致。

部分健康研究结果支持了角色增强观点，发现了同时扮演工作者和照护者的积极影响。研究人员利用挪威生命历程、老龄和代际研究的数据，发现与兼职就业的女性照护者相比，全职就业的照护者展示出了更高的心理健康水平。他们对此的解释是，全职就业者更有可能获取工作者角色所提供的全部好处，包括但不限于收入、社会地位、社会保障等（Hansen & Slagsvold，2015）。

也有研究发现了照护和工作的双重压力对健康造成的负面影响，以此支持角色紧张观点。Freedman 与同事利用美国收入动态面板研究的残疾和时间利用补充数据集，分析了 60 岁及以上夫妇的时间利用与幸福感的关系。在此研究中，主观幸福感是通过对五种情感——冷静、开心、难过、沮丧和担忧——的强度来衡量的。他们的研究指出，从事有偿工作的照护者的幸福感低于没有工作的照护者（Freedman et al.，2019）。一项对中国城市地区的老年人的抑郁症状进行潜在类分析的研究指出，工作—照护者的抑郁症状水平高于没有工作责任的帮助者和照护者（Liu & Lou，2016）。双重压力的负面健康影响不仅体现在主观和心理健康上，也体现在客观的健康行为上。使用德国第二大疾病基金行政数据的研究发现，全职就业的照护者明显比未就职的照护者更多地使用抗抑郁药物和镇静剂（Schmitz & Stroka，2013）。使用2000—2015年中国健康与营养调查的研究发现，对于全职就业的妇女，工作和照护的双重压力会降低生活满意度。他们的双重压力可能通过减少锻炼和增加心理压力对生活满意度造成影响（Chen et al.，2020）。这与时间利用研究的发现一致，后者表明工作—照护者为了减少非正式照护导致的支出和收入压力，将休闲时间用于照护和工作，而因总可用时间有限，导致休闲时间被削减，生活满意度下降（Juratovac et al.，2012；Kan et al.，2021）。

角色理论为学者提供了指导，帮助他们理解工作和照护双重责任带来的不同健康后果，并提醒学者关注劳动和照护强度以及持续时间。由于生理健康的后果较难在短时间内显现，大多数研究关注的是心理健康后果，本书也因此将研究目标设为主观幸福感。尽管目前已有一些研究开始讨论工作和照护的复合结果，但大部分文献仍然将有偿工作和家庭责任对健康的影响分别讨论，没有考虑工作—照护者面对的双重责任及面对的健康后果。此外，较少关于工作与生活冲突的文献考虑到了生命后期的阶段，或非西方社会的情况。另外，工作和照护强度如何影响健康后果的方向和幅度仍然有待深入探讨。

(三) 关于调节效应：强度、社会经济地位和社会孤立程度的研究

工作和照护的双重压力可能会影响个体的福祉，并且其影响健康的幅度可能因工作负担和照护任务的强度、个体的社会阶层和社会孤立程度而异。在时间利用研究中，学者发现当工作和家庭照护占用过多时间时，用于睡眠、准备健康食物、摄入营养以及体育活动的时间会被压缩，间接导致健康恶化，从而影响幸福感（Flood & Moen, 2015；Strazdins et al., 2016；Venn & Strazdins, 2017）。由于时间不足，人们可能会选择同时处理多种任务，并产生匆忙的感觉，这容易导致幸福感下降（Barnett & Hyde, 2001；Offer, 2014；Offer & Schneider, 2011）。作为承担工作和照护责任这一双重负担的不可避免的结果，时间紧缺为多重角色导致的幸福感下降提供了解释。在一项关注中国工作年龄妇女的研究中，学者们指出，双重负担对健康的不利影响在照护和工作时间增加时加剧，双重负担最重，即投入工作和照护时间最长的群体经历了最严重的健康恶化（Chen et al., 2020）。

社会经济地位可能是另一个调节因素，社会经济地位不同的工作—照护者可能是出于不同的原因而承担双重负担，导致不同的健康变化的方向和幅度。参与生产性工作可以通过增加心理资源和建立支持性社会联系来改善健康，因此希望保持社会关系或想要感到有意义和控制感的人可能主动选择成为工作—照护者（Musick & Wilson, 2003）。然而，如果工作—照护者不是自愿扮演多重角色，而是因为家庭难以承担正式照护的费用，或需要来自老一辈的额外经济支持，那么生产性工作对健康的积极影响可能会较弱，甚至不存在，这种现象发生在台湾的老年工作者身上（Wang et al., 2019）。

退休导致老年人社会联系减少和最终的社会脱离（social withdrawal），社会孤立对健康的不利影响已经得到了老年学研究的广泛关注（Musick & Wilson，2003；Steptoe et al.，2013；Yu et al.，2021）。保持社会关系对于经常面临失去社会联系风险的老年工作—照护者来说可能特别有益，可以与熟悉的人交流、分享生活中的事件，有助于减少压力，也因此有助于减轻双重责任带来的健康损耗（Pohl et al.，2022）。

根据联合国的标准，中国在1999年其60岁及以上的人口占总人口的10%以上时正式进入了"老龄社会"阶段。中国正经历着加速老龄化，拥有全球最多的老年人口：2020年，65岁及以上的人口估计为1.9亿，占总人口的13.5%，较2000年的7.0%增长极快（中国国家统计局，2021）。在中国，劳动力参与率相对较高，尤其是女性：2017年，中国妇女的平均劳动力参与率为68.8%，高于大部分经济合作与发展组织国家，而且在各个年龄段都保持着较高的水平（Xiao & Asadullah，2020）。2010年，在50—74岁的中老年人群中，有58.9%的农村妇女和20.7%的城市妇女仍然参与劳动（Connelly et al.，2014）。人口老龄化的加速可能导致劳动力规模的萎缩和长期经济增长放缓。面对这些挑战，中国政府已经开始调整目前的法定退休年龄，实施渐进式延迟法定退休年龄，坚持小步调整、弹性实施、分类推进、统筹兼顾的原则。从2025年开始，用15年时间，逐步将男职工法定退休年龄调整至63岁，女职工法定退休年龄调整至55岁、58岁。然而，中国的社会基础设施尚不够成熟，养老保险体系和医疗保险计划，尚不足以满足老年居民的护理需求。受传统的孝道和儒家文化的影响，护理责任主要由家庭承担。随着工作寿命的延长和正式护理的稀缺，中老年人不得不应对非正式护理和有偿工作带来的双重压力，这可能会对他们的健康造成危害。政府迫切需要重视弱势的工作—照护者群体，并制定相关支持和公共服务，以保护其健康。

根据传统的性别角色规范，社会期望女性承担家庭成员的照护责任，而男性在家庭之外参与有偿工作（Sánchez-López et al., 2012）。中国的家庭结构仍然有着父系和男权制度的色彩，男性提供经济支持，女性照护家庭成员，这样高度性别化的劳动分工依然相对普遍（Qian & Sayer, 2016）。由于照护工作仍然是"女人的工作"，女性工作—照护者可能会更容易获得更高程度的角色满足感，因为这与性别角色和期望一致（Li et al., 2014）。相比之下，男性工作—照护者可能会因为内化的男性角色和女性化的照护实践而经历性别角色冲突，使他们不愿向他人倾诉痛苦感受（Baker et al., 2010; Sanders, 2007），不愿寻求外部帮助（Berger et al., 2005），最终导致更高的抑郁程度（Zhao et al., 2022）。另外，性别平等意识在国内的发展并不均衡，时至今日，虽然女性已经普遍参与家庭外部的有偿工作，但男性对家庭内部家务劳动和照护工作的参与却相当有限（Luo, 2021）。因此，实证文献发现，由于女性承担更多的照护负担，双重负担的女性比起男性在健康方面更加脆弱（Penning & Wu, 2016）。

另一个可能影响工作和照护对幸福感的共同作用的因素是突出的城乡差距。中华人民共和国成立以来，由于国家政策倾向城市，城市居民一直享有显著的社会经济优势（Lu & Chen, 2006）。城乡巨大的不平等在社会和经济资源方面表现得尤其明显：根据中国民政部发布的社会服务发展统计公告，2017年底，城市社区服务中心的覆盖率远高于农村地区（78.6%对15.3%）（Zhao et al., 2022）。从1997年到2015年，城市家庭的人均可支配收入是农村家庭的三倍（Wang et al., 2019）。社会经济劣势随之转化为农村中老年人较高的抑郁程度（Li et al., 2016）。然而，在农村地区，工作常常被视为对家庭福祉的贡献，照护则被视为代际支持的表现，这两者在资源有限的农村地区尤其受重视。这样遵循传统社会规范的行为更容易使得工作—照护者获得角色满足感，提高生活满意度（Dingemans & Henkens, 2019; Liu & Chen, 2022）。

本书中，笔者使用中国健康与养老追踪调查（CHARLS）2011—2018年的数据来分析中老年人非正式照护和有偿工作的双重负担对主观幸福感的影响。这项工作通过几种方式扩展了我们对工作与生活冲突对于健康作用的理解。首先，作为发展中国家，工作和照护之间的界限在中国不像在发达国家那样清晰，这一点同样适用于其他许多非正式经济部门发展迅速的发展中国家。已有国内外的相关研究文献，很少立足于发展中国家的问题，本书对中国的研究有利于填补角色理论文献中的不足。

其次，本书利用了具有全国代表性的面板数据，使用了随机效应模型来处理同一个体提供多个观测值造成的内生性问题，并控制个体层面不可观测的变量。最后，本书讨论了工作和照护的共同影响如何因劳动强度以及性别、居住地、社会经济地位和社会孤立程度等因素的差异而变化。

三 研究问题和假设

本章包含三个研究问题。第一个研究问题是，工作和照护的共同效应如何影响中老年人的生活满意度和抑郁程度？一方面，角色增强观点认为，担任多个角色通过资源交换和提高自尊心对健康造成正面影响。另一方面，角色紧张观点认为，双重角色的不一致要求会导致更高的压力水平和用于健康行为的时间的减少,从而对健康造成负面影响。因此,本章存在两个竞争性假设:与非工作—非照护者相比,工作—照护者可能表现出更高的生活满意度和更低的抑郁程度(H1a),或者表现出更低的生活满意度和更高的抑郁程度(H1b)。

第二个研究问题在于工作和照护的共同影响如何因劳动强度而异。过往研究使用过是否就业和是否进行照护对中老年人进行二元化的分类,但这种方法忽略了不同劳动时长造成的强度问题。因此,本章中,在将人群依据是否就业和是否提供照护分类后,工作—照护者依据强度的高低被进一步细分为四个组别:低强度工作—低强度照护者、低强度工作—高强度照护者、高强度工作—低强度照护者、高强度工作—高强度照护者。工作和照护的强度由花费在该活动上的时间定义,具体范围见研究方法部分。通常来说,分配给就业和照护的时间更长会使得人接触更多的压力因素,并挤压了休闲活动和自我照护的时间。因此,本章假设与非工作—非照护者相比,低强度工作—低强度照护者可能会享有更高的生活满意度和更低的抑郁程度(H2a),而高强度工作—高强度照护者可能会表现出更低的生活满意度和更高的抑郁程度(H2b)。

第三个研究问题探讨了双重责任与福祉之间的关联如何因社会人口因素而异,具体的调节因素包括性别、城乡居住、社会经济地位和社会孤立程度。由于"男主外、女主内"的性别劳动分工这一刻板定型观念仍然在中国社会中根深蒂固,女性可能会从照护责任中获得更高的角色满足感,而承担照护者角色的男性可能会经历性别角色冲突,本章假设与男性相比,女性工作—照护者的生活满意度较高,抑郁程度较低(H3a)。

由于社会保障体系覆盖有限,公共护理服务难以获得,并且公共卫生资源相对缺乏,农村居民可能不得不继续工作,同时照护家庭成员以维持自己和家庭的生计。相比之下，城市居民更有可能是自发自愿地成为工作—照护者。然而，在社会资源和援助稀缺但迫切需求的农村地区，提供这些资源的人可能会特别受尊重和重视。此外，传统的社会规范在农村地区更具影响力，工作—照护者可能得到更高程度的角色满足感。因此，本章推测相较城市居民而言，农村居民在生活满意度方面从工作和照护中受益较少，但更不容易抑郁（H3b）。

社会经济地位较高的人在应对多重角色带来的过度压力时可能拥有更充分的资源，这有助于减轻双重压力带来的负面作用。类似于城乡差距，较高社会阶层的群体可能是出于自愿选择继续工作和照护，而社会经济地位较低的群体选择空间变窄。因此，本章假设同时进行工作和照护对生活满意度和抑郁程度的影响，若有益，则在较高社会阶层中更为显著；若有害，则在较低社会经济群体中更为显著（H3c）。

社会孤立程度可能也会调节工作和照护的共同影响。承担工作和照护的责任通常意味着相当大的压力，此时能够获得协助，或者仅仅有人可以倾诉，都可能充当对抗压力的保护屏障。相反，缺乏社交联系可能加剧负面情绪，进一步加剧健康后果。因此，本章假设社会孤立程度较高的工作—照护者比社会孤立程度较低的工作—照护者表现出较低的生活满意度和较高的抑郁程度（H3d）。

四 研究数据与方法

（一）数据来源与样本

本章使用了2011—2018年中国健康与养老追踪调查（CHARLS）的数据。CHARLS是一项具有全国代表性的研究，2011年以来每两年追踪调查 45 岁及以上的受访者及其配偶，收集了有关受访者的工作、退休、人口特征、健康和照护责任的信息。分析样本年龄被限制在 45—75 岁，且在 4 次问卷调查中至少参与了 2 次的受访者中。删去存在缺失值的记录后，最终分析样本包括 2011 年的 10525 条报告，2013 年的 10272 条报告，2015 年的 12550 条报告，以及 2018 年的 13705 条报告。

（二）变量定义及测量

1. 因变量：生活满意度和抑郁症状

本章的主要因变量为主观幸福感，具体包括生活满意度和抑郁程度。在问卷调查中，关于生活满意度的问题是："总体来看，您对自己的生活是否感到满意？是极其满意、非常满意、比较满意、不太满意，还是一点也不满意？"回答从 1（一点也不满意）到 5（极其满意）进行编码。抑郁程度使用流行病学中心抑郁症状量表 10 项版（CES-D-10）进行测量，该量表询问受访者在过去一周内感到各种正面和负面情绪的频率，根据该量表的十个变量综合计算出抑郁程度，范围从 0 到 30，得分越高表示抑郁程度越高。

2. 自变量：工作—照护分类

工作—照护分类根据中老年人在上一周的平均工作小时数和平均照护家庭成员小时数而界定。工作时间包括分配给农业就业、非农就业、非农自雇和家庭企业的总时间。家庭照护时间包括照护孙子女、配偶和父母/配偶父母的总小时数。如果受访者报告在上周内工作或提供照护超过 1 小时，则定义为工作者或照护者。因此，工作—照护类别包括 4 个类别：非工作—非照护者、仅工作者、仅照护者和工作—照护者。

由于个体对就业和照护的反应可能因工作强度而异，本章进一步根据生产活动的时间来细分工作—照护类别。对于工作，高强度定义为工作时间每周 40 小时或更长，即全职工作或更多。高强度照护的分界点为每周 20 小时或更长的非正式照护时间，这是遵循一项同样分析中国背景下工作与照护双重负担对健康影响的研究（Chen et al.，2020）的定义。因此，将强度考虑在内的工作—照护分类包括九个组别：非工作—非照护者、低强度仅工作者、高强度仅工作者、低强度仅照护者、高强度仅照护者，以及从工作—照护者中分化出来的低强度工作—低强度照护者、低强度工作—高强度照护者、高强度工作—低强度照护者、高强度工作—高强度照护者。由于本章侧重于不同强度下工作和照护的联合影响，笔者将不同强度的仅工作者以及不同强度的仅照护者合并，保留了四个带有强度的工作者—照护者类别，共计七个组别。

3. 调节变量：性别、居住地、社会经济地位和社会孤立程度

性别是一个二元变量，用于区分男性和女性。居住地根据个体目前居住的地区将居民划分为乡村居民和城镇居民。

社会经济地位的衡量包括三个变量：家庭资产、受教育程度和工作类型。家庭资产通过访谈时年度家庭资产（现金、支票和储蓄账户）的四分位数来衡量。受教育程度是一个分类变量，分为初中及以下、高中及中专、大专及以上三个类别。工作类型是基于主要工作的工作部门来衡量的（非农受雇为正式部门工作，其他为非正式部门工作。非正式部门工作包括农业自雇、农业受雇、家庭经济和非农自雇）。为了突出较高社会经济阶层对个体福祉的潜在缓冲效应，本章将具有高中及中专以上学历、家庭资产排名前 50%、且工作类型为正式部门的群体标记为最有优势及社会经济地位最高的群体，并将其与其他人区分开来。

以往的文献使用了几个变量组成量表来衡量社会孤立程度，包括婚姻状况、与子女的联系、与其他家庭成员的联系、与朋友的联系、宗教

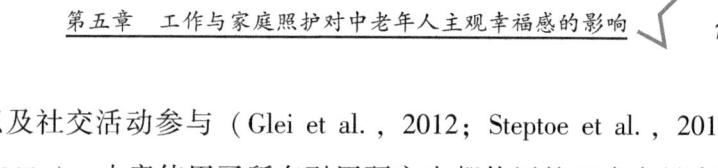

活动参与以及社交活动参与（Glei et al., 2012; Steptoe et al., 2013; Yu et al., 2021）。本章使用了所有引用研究中都使用的三个变量来衡量社会孤立程度：婚姻状况、与子女的联系以及社交活动参与。那些未婚或未同居，每周与子女联系不到一次（通过电话、面对面或电子邮件），且在过去一个月内未参加任何社交活动（与朋友互动，玩国际象棋或纸牌，去社区俱乐部，参加体育、社交或其他俱乐部，参加与社区相关的组织，从事志愿或慈善工作）的人被认为具有更高的社会孤立程度。遵循 Steptoe 与同事的分类方式，符合两项或两项以上描述的个体被归为社会孤立程度较高的群体（Steptoe et al., 2013）。

4. 控制变量

由于生产性活动参与和主观健康都受年龄影响，年龄组别被纳入控制变量。鉴于较年长的队列比较年轻的队列更重视工作（Kwon & Schafer, 2012），而年轻的队列更有可能提供非正式照护（Luo & Chui, 2019），出生队列被纳入控制变量。个体的客观身体健康状态，即是否患有慢性疾病以及是否在日常生活活动能力中存在困难也被考虑在内。本章还控制了由于无法追踪或在后续访谈中过世而不再回应的个体，以此处理非随机的样本流失。

（三）分析方法

本章使用随机效应模型来计算工作和照护双重压力对主观幸福感的影响。尽管生活满意度是基于李克特五分量表而产生的有序变量，但为了使统计分析更具可解释性，同时保留顺序信息，本章中将其视为连续变量进行处理。为了检验这种方法的有效性，笔者在初步分析中使用了有序逻辑回归模型，其结果与使用随机效应模型的结果差异不大，因此在正式回归分析中选择使用随机效应模型。为了应对潜在的逆向因果关系，在初步分析中，前一次访谈的健康结果也作为控制变量加入回归分析模型，结果显示自变量的系数和方向并无显著差异。最终回归分析模型如下所示：

$$Y_{it} = \alpha_{00} + \beta_{10} Group_{it} + \beta_{20} X_{it} + \beta_{01} Z_{i0} + \mu_{i0} + \varepsilon_{it}$$

在该模型中，Y_{it}是个体 i 在时间 t 的连续健康状况变量（生活满意度和抑郁程度）。$Group_{it}$表示个体 i 在时间 t 的工作—照护组别，系数β_{20}代表工作—照护组别对主观健康的影响。X_{it}代表所有随时间变化的协变量。Z_{i0}代表所有不随时间变化的协变量，显示出个体间的差异，在本章中仅包括性别和受教育程度。μ_{i0}代表一系列不随时间变化的随机变量，按照假设与自变量不相关，并且服从正态分布。随机效应模型的一个重要优势是它将潜在的不可观测变量μ_{i0}纳入分析，因此更好地控制了由不可观测因素引起的潜在异质性。类似地，假定随时间变化的误差项ε_{it}与预测变量不相关，并且呈正态分布。首先，本章通过对汇总样本运行模型来估计工作—照护类别对主观健康结果的影响。其次，笔者根据时间差异来区分不同工作量的工作者和照护者，估计不同工作强度和照护强度组合的影响。最后，笔者将受访者根据调节因素的不同分成一系列子组进行回归分析，以测试工作—照护效应是否因性别、居住地、社会经济地位和社会孤立程度而异。

五 分析结果

表 5-1 显示了基线研究（2011）的描述性统计数据。平均生活满意度水平为 3.05，即"比较满意"。平均抑郁量表得分为 8.44，低于抑郁的分界点（Fu et al., 2022; Zhang et al., 2012）。

对于工作—照护类型，人数最多的两个类别是仅工作者（36%）和工作—照护者（30%）。在考虑强度的情况下，高强度工作—高强度照护者（14%）是工作—照护者中人口最多的亚组，其次是高强度工作—低强度照护者和低强度工作—高强度照护者，各占7%。

就人口因素而言，分析样本中还没有达到退休年龄的受访者（41%）是人数最多的年龄组别。绝大多数人受教育水平不高，为初中及以下（88%）。大多数受访者与家庭成员保持着密切联系：只有9%的受访者未婚或未同居，只有7%的受访者与子女联系的频率低于每周一次。

表5-1　　　　　　　　对于变量的描述性统计，2011，N=12526

	平均值/比率	标准差
生活满意度（5=极其满意）	3.05	0.71
抑郁程度（0—30，数值越高代表抑郁程度越高）	8.44	6.33
工作—照护类别		
非工作—非照护者	0.20	0.40
仅工作者	0.36	0.48
仅照护者	0.14	0.34
工作—照护者	0.30	0.46
低强度工作—低强度照护者	0.03	0.17
低强度工作—高强度照护者	0.07	0.25
高强度工作—低强度照护者	0.07	0.25
高强度工作—高强度照护者	0.14	0.35
性别（女性=1）	0.52	0.50
居住地（农村=1）	0.63	0.48
患有慢性疾病（是=1）	0.25	0.43
日常生活能力量表中存在困难的总数	0.26	0.79
年龄		

续表

	平均值/比率	标准差
54岁及以下	0.41	0.49
55—64岁	0.39	0.49
65—74岁	0.20	0.40
出生队列		
1930—1939	0.04	0.21
1940—1949	0.26	0.44
1950—1959	0.42	0.49
1960—1969	0.27	0.45
工作类别（正式=1）	0.17	0.38
受教育程度		
初中及以下	0.88	0.32
高中及中专	0.10	0.30
大专及以上	0.02	0.12
家庭资产四分		
25%及以下	0.27	0.44
26%—50%	0.24	0.42
51%—75%	0.24	0.43
76%—100%	0.26	0.44
婚姻状况（未婚或未同居=1）	0.09	0.29
与子女的联系频率低于每周一次（是=1）	0.07	0.26
上周未参与任何社交活动（是=1）	0.53	0.50
N	12526	

注：由于分析样本中仅包含年龄为45—75岁的受访者，1970年及以后出生的受访者没有出现在2011年的数据中；且本章年龄分组与之前章节略有差异。

表5-2和表5-3显示了以工作—照护类别为自变量，有偿工作和非正式照护共同对生活满意度和抑郁程度影响的随机效应回归结果。在这两个表格中，模型1使用了四分的工作—照护类别，而模型2使用的是将强度考虑在内的七分工作—照护分类。模型1和模型2都适用于全样本。模型3到模型10则是在模型2的基础上对于分性别、分城乡、

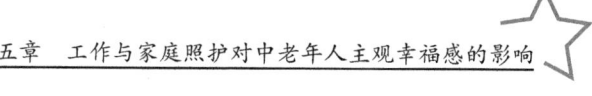

不同社会经济地位和不同社会孤立程度的子样本进行回归分析。

(一) 生活满意度的结果

表5-2中模型1的结果支持假设H1a,即与非工作—非照护者相比,工作—照护者表现出更高的生活满意度。这一发现丰富了参与生产活动能够提高生活满意度的文献。进一步估计不同强度下工作—照护者的健康收益,表5-2中模型2的结果显示,随着照护和工作强度的增加,低强度工作—高强度照护者的生活满意度比低强度工作—低强度照护者更高。然而,没有证据表明高强度工作—高强度照护者有类似的优势。可能的解释是,当需要工作和照护的时长较短,负担较轻时,中老年人更容易实现工作与生活的平衡;但当负担增加时,平衡来自工作和照护的责任将更加困难,导致工作与生活的冲突,因此降低了生活满意度。

为了测试工作—照护效应的性别差异,表5-2的模型3和模型4分别显示了男性和女性子样本的结果。低强度工作—低强度照护者在男性子样本中显示出显著的正相关,在女性子样本中没有该结果。相较于非工作—非照护者,低强度工作—高强度照护者的男性与女性都报告了更高的生活满意度,且性别差异在统计学上不显著。图5-1显示了按性别区分的工作—照护组别的预测生活满意度。双重压力对于生活满意度影响的性别差异可以通过照护活动类型的性别差异来解释。与男性相比,在进行照护活动时,女性更多地从事体力劳动,遵循更严格的时间表,承担更多的整体责任,这使得照护对于女性来说更像是一项义务性任务,因此它带来的负担和压力可能会掩盖其好处,尤其是对于那些兼顾有偿工作和非正式照护的女性 (Arpino & Bellani, 2022; Craig, 2006)。举例来说,对孙子女的照护是中国中老年人照护的重要组成部

表5-2 工作—照护类别对生活满意度影响的随机效应模型，参照组=非工作—非照护者

变量	模型1 四分类别 回归系数	(SE)	模型2 七分类别 回归系数	(SE)	模型3 男 回归系数	(SE)	模型4 女 回归系数	(SE)	模型5 城镇 回归系数	(SE)	模型6 乡村 回归系数	(SE)	模型7 社会经济地位低 回归系数	(SE)	模型8 社会经济地位高 回归系数	(SE)	模型9 社会孤立程度低 回归系数	(SE)	模型10 社会孤立程度高 回归系数	(SE)
仅工作者	0.01	(0.01)	0.00	(0.01)	0.01	(0.02)	0.01	(0.02)	−0.00	(0.02)	0.02	(0.02)	0.02	(0.01)	0.14	(0.10)	0.01	(0.01)	0.00	(0.04)
仅照护者	0.02	(0.01)	0.02	(0.01)	0.01	(0.02)	0.03	(0.02)	0.01	(0.02)	0.02	(0.02)	0.02	(0.01)	0.38	(0.25)	0.02	(0.01)	0.06	(0.05)
工作—照护者	0.03*	(0.01)																		

工作—照护类别（参照组=非工作—非照护者）

变量	模型2 回归系数	(SE)	模型3 回归系数	(SE)	模型4 回归系数	(SE)	模型5 回归系数	(SE)	模型6 回归系数	(SE)	模型7 回归系数	(SE)	模型8 回归系数	(SE)	模型9 回归系数	(SE)	模型10 回归系数	(SE)
低强度工作—低强度照护者	0.04	(0.02)	0.06*	(0.03)	0.03	(0.03)	0.05	(0.04)	0.04	(0.03)	0.05*	(0.02)	0.10	(0.16)	0.05*	(0.02)	0.01	(0.07)
低强度工作—高强度照护者	0.06***	(0.01)	0.05*	(0.02)	0.07***	(0.02)	0.03	(0.02)	0.08***	(0.02)	0.06***	(0.01)	0.22	(0.12)	0.06***	(0.02)	0.09	(0.05)

续表

变量	模型1 四分类别 回归系数 (SE)	模型2 七分类别 回归系数 (SE)	模型3 男 回归系数 (SE)	模型4 女 回归系数 (SE)	模型5 城镇 回归系数 (SE)	模型6 乡村 回归系数 (SE)	模型7 社会经济地位低 回归系数 (SE)	模型8 社会经济地位高 回归系数 (SE)	模型9 社会孤立程度低 回归系数 (SE)	模型10 社会孤立程度高 回归系数 (SE)
高强度工作—低强度照护者		-0.03 (0.02)	-0.03 (0.02)	-0.03 (0.03)	-0.04 (0.03)	-0.02 (0.02)	-0.02 (0.02)	0.16 (0.11)	-0.02 (0.02)	-0.10 (0.06)
高强度工作—高强度照护者		0.02 (0.01)	0.03 (0.02)	0.00 (0.02)	-0.00 (0.02)	0.04 (0.02)	0.03 (0.01)	0.22* (0.10)	0.03 (0.01)	-0.04 (0.05)
女 (是=1)	-0.07*** (0.01)	-0.07*** (0.01)			-0.07*** (0.02)	-0.08*** (0.01)	-0.08*** (0.01)	-0.05 (0.06)	-0.08*** (0.01)	-0.04 (0.03)
农村居住 (是=1)	-0.02* (0.01)	-0.02* (0.01)	-0.01 (0.01)	-0.03* (0.01)			-0.04*** (0.01)	-0.05 (0.05)	-0.02** (0.01)	-0.00 (0.03)
患有慢性疾病 (是=1)	-0.03*** (0.01)	-0.03*** (0.01)	-0.05*** (0.01)	-0.02 (0.01)	-0.02 (0.01)	-0.04*** (0.01)	-0.04*** (0.01)	0.03 (0.05)	-0.03*** (0.01)	-0.08** (0.03)
日常生活能力量表中存在困难的总数	-0.08*** (0.01)	-0.08*** (0.01)	-0.08*** (0.01)	-0.09*** (0.01)	-0.08*** (0.01)	-0.08*** (0.01)	-0.09*** (0.01)	0.08 (0.13)	-0.08*** (0.01)	-0.11*** (0.02)

续表

变量	模型1 四分类别 回归系数 (SE)	模型2 七分类别 回归系数 (SE)	模型3 男 回归系数 (SE)	模型4 女 回归系数 (SE)	模型5 城镇 回归系数 (SE)	模型6 乡村 回归系数 (SE)	模型7 社会经济地位低 回归系数 (SE)	模型8 社会经济地位高 回归系数 (SE)	模型9 社会孤立程度低 回归系数 (SE)	模型10 社会孤立程度高 回归系数 (SE)
年龄（参照组=54岁及以下）											
55—64岁	0.13*** (0.01)	0.13*** (0.01)	0.14*** (0.02)	0.15*** (0.02)	0.13*** (0.02)	0.12*** (0.01)	0.13*** (0.01)	0.01 (0.06)	0.13*** (0.01)	0.08 (0.04)
65—74岁	0.27*** (0.02)	0.27*** (0.02)	0.27*** (0.02)	0.31*** (0.02)	0.23*** (0.02)	0.28*** (0.02)	0.27*** (0.02)	0.05 (0.17)	0.27*** (0.02)	0.24*** (0.05)
出生队列（参照组=1930—1939年）											
1940—1949年	0.11*** (0.03)	0.11*** (0.03)	0.12** (0.04)	0.09* (0.04)	0.10* (0.04)	0.12*** (0.04)	0.11*** (0.03)	0.24 (0.23)	0.12*** (0.03)	0.10 (0.07)
1950—1959年	0.16*** (0.03)	0.16*** (0.03)	0.19*** (0.04)	0.10* (0.04)	0.12* (0.05)	0.18*** (0.04)	0.17*** (0.03)	-0.03 (0.10)	0.16*** (0.03)	0.14 (0.07)
1960—1969年	0.20*** (0.03)	0.20*** (0.03)	0.26*** (0.04)	0.14** (0.05)	0.17*** (0.05)	0.21*** (0.04)	0.22*** (0.03)	-0.04 (0.09)	0.21*** (0.04)	0.10 (0.08)

第五章　工作与家庭照护对中老年人主观幸福感的影响

续表

变量	模型1 四分类别 回归系数 (SE)	模型2 七分类别 回归系数 (SE)	模型3 男 回归系数 (SE)	模型4 女 回归系数 (SE)	模型5 城镇 回归系数 (SE)	模型6 乡村 回归系数 (SE)	模型7 社会经济地位低 回归系数 (SE)	模型8 社会经济地位高 回归系数 (SE)	模型9 社会孤立程度低 回归系数 (SE)	模型10 社会孤立程度高 回归系数 (SE)
因过世等原因而无法继续追踪	0.13*** (0.03)	0.13*** (0.03)	0.17*** (0.03)	0.08* (0.04)	0.11*** (0.03)	0.15*** (0.04)	0.14*** (0.03)	0.04 (0.11)	0.13*** (0.03)	0.03 (0.09)
工作类别（正式=1）	0.04*** (0.01)	0.05*** (0.01)	0.06*** (0.01)	0.01 (0.02)	0.02 (0.02)	0.07*** (0.01)			0.05*** (0.01)	0.02 (0.04)

受教育程度（参照组=初中及以下）

高中及中专	0.00 (0.01)	0.00 (0.01)	0.01 (0.02)	-0.01 (0.02)	0.01 (0.02)	-0.01 (0.02)			-0.01 (0.01)	0.08 (0.06)
大专及以上	-0.00 (0.03)	-0.00 (0.03)	0.01 (0.04)	0.00 (0.06)	-0.00 (0.04)	0.09 (0.08)			0.01 (0.03)	-0.22* (0.10)

家庭资产四分（参照组=25%及以下）

26%—50%	0.07*** (0.01)	0.07*** (0.01)	0.06*** (0.01)	0.07*** (0.01)	0.08*** (0.02)	0.06*** (0.01)			0.07*** (0.01)	0.08** (0.03)

续表

变量	模型 1 四分类别 回归系数	(SE)	模型 2 七分类别 回归系数	(SE)	模型 3 男 回归系数	(SE)	模型 4 女 回归系数	(SE)	模型 5 城镇 回归系数	(SE)	模型 6 乡村 回归系数	(SE)	模型 7 社会经济地位低 回归系数	(SE)	模型 8 社会经济地位高 回归系数	(SE)	模型 9 社会孤立程度低 回归系数	(SE)	模型 10 社会孤立程度高 回归系数	(SE)
51%—75%	0.11***	(0.01)	0.11***	(0.01)	0.11***	(0.01)	0.11***	(0.02)	0.09***	(0.02)	0.12***	(0.01)					0.11***	(0.01)	0.13***	(0.03)
76%—100%	0.16***	(0.01)	0.16***	(0.01)	0.14***	(0.02)	0.18***	(0.02)	0.13***	(0.02)	0.18***	(0.01)					0.17***	(0.01)	0.13***	(0.04)
婚姻状况（未婚或未同居=1）	−0.04*	(0.02)	−0.04*	(0.02)	−0.08**	(0.03)	−0.02	(0.02)	−0.05*	(0.03)	−0.03	(0.02)	−0.07***	(0.02)	−0.31*	(0.13)				
与子女的联系频率低于每周一次（是=1）	−0.07***	(0.01)	−0.07***	(0.01)	−0.07***	(0.02)	−0.07***	(0.02)	−0.08***	(0.03)	−0.07***	(0.02)	−0.07***	(0.01)	−0.12	(0.08)				
上周未参与任何社交活动（是=1）	−0.02*	(0.01)	−0.02*	(0.01)	−0.01	(0.01)	−0.03**	(0.01)	−0.03**	(0.01)	−0.01	(0.01)	−0.03**	(0.01)	−0.05	(0.04)				
Constant	2.92***		2.92***		2.87***		2.87***		2.98***		2.86***		3.02***		3.25***		2.90***		2.89***	
组内 R^2	0.01		0.01		0.02		0.01		0.01		0.01		0.01		0.00		0.01		0.01	
组间 R^2	0.04		0.04		0.04		0.05		0.03		0.05		0.03		0.03		0.04		0.04	

续表

变量	模型 1 四分类别		模型 2 七分类别		模型 3 男		模型 4 女		模型 5 城镇		模型 6 乡村		模型 7 社会经济地位低		模型 8 社会经济地位高		模型 9 社会孤立程度低		模型 10 社会孤立程度高	
	回归系数	(SE)	回归系数	(SE)	回归系数	(SE)	回归系数	(SE)	回归系数	(SE)	回归系数	(SE)	回归系数	(SE)	回归系数	(SE)	回归系数	(SE)	回归系数	(SE)
整体 R^2	0.03	(0.03)	0.03	(0.03)	0.03	(0.05)	0.03	(0.05)	0.03	(0.05)	0.04	(0.04)	0.03	(0.03)	0.02	(0.13)	0.03	(0.04)	0.04	(0.09)
N	46059		46059		22016		24043		17061		28998		44690		1369		41361		46424	

注: * $p<0.05$, ** $p<0.01$, *** $p<0.001$, 括号内为标准误。

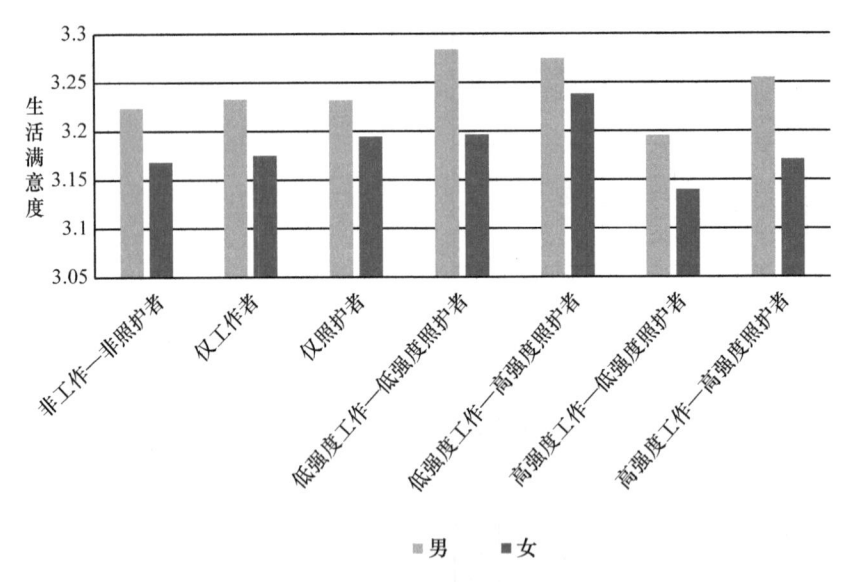

图 5-1　分性别工作—照护组别的预测生活满意度

分,而研究发现照护孙辈为祖父带来的心理健康收益高于祖母,因为他们承担的任务更加灵活和有趣,如购物、烹饪和接孩子放学,而祖母的任务则更加琐碎和日常,如做饭、洗衣服等(Zhang et al., 2015)。

模型 5 和模型 6 分别呈现了城市和农村子样本的结果,假设 H3b 得到了支持。相对于非工作—非照护者,农村工作—照护者报告出更高的生活满意度,但没有证据表明城市工作—照护者得到了类似的健康收益。传统社会规范在农村地区根深蒂固,因此农村居民通过履行双重角色可以获得更高的角色满足感(Liu & Chen, 2022)。照护孙辈的农村祖父母可以得到外出务工的成年子女的经济支持,由此缓解经济压力,但对于经济条件更优越的城市居民来说,额外的经济收益可能意义不大,难以对冲双重责任带来的压力(Cong & Silverstein, 2008)。此外,与农村居民相比,城市居民中从事非农受雇等非正式工作的比例更高,更容易因工作和家庭冲突而受到负面的健康影响,而农村居民主要从事农业自雇工作，拥有相对更加灵活的时间表。

与非工作—非照护者相比，不同社会经济地位的工作—照护者都表现出更高的生活满意度，正如模型7和模型8所示。与此同时，两组间的差别在统计学意义上显著：社会经济地位较低的群体中，低强度工作—低强度照护者和低强度工作—高强度照护者有着较高的生活满意度，而在社会经济地位较高的群体中，是高强度工作—高强度照护者的生活满意度更高。假设H3c只得到了部分支持。

模型9和模型10的结果支持了假设H3d，即工作—照护者角色有益于提高生活满意度，但仅适用于社会孤立程度较低的人群。这与文献中的解释一致，即更高的社会孤立程度会产生和加剧压力，降低寻求帮助的可能性，最终导致更低的生活满意度（Lai et al., 2020），这可能掩盖了多重角色带来的好处。

（二）抑郁情况的结果

表5-3中模型1的结果支持了假设H1b，即工作—照护者在抑郁程度上高于非工作—非照护者，丰富了认为既提供非正式照护又全职工作的双重负担与负面的心理健康状况有关的文献（Chen et al., 2020; Schmitz & Stroka, 2013）。此外，模型2显示抑郁程度随着工作和照护的强度增加而升高，高强度的双重负担群体报告了最严重的抑郁程度，为假设H2b提供了支持，且与以前关于中国女性工作—照护者的研究结果一致（Chen et al., 2020）。这些发现强调了强度的重要性，因为低强度的工作—照护者与非工作—非照护者相比没有体现出抑郁程度上的危害，与此相比，高强度工作—低强度照护者报告出较高的抑郁水平，高强度工作—高强度照护者的抑郁水平则最高，显示出高强度双重负担带来的严重负面健康影响。

表 5-3　工作—照护类别对抑郁程度影响的随机效应模型，参照组＝非工作—非照护者

变量	模型 1 四分类别 回归系数 (SE)	模型 2 七分类别 回归系数 (SE)	模型 3 男 回归系数 (SE)	模型 4 女 回归系数 (SE)	模型 5 城镇 回归系数 (SE)	模型 6 乡村 回归系数 (SE)	模型 7 社会经济地位低 回归系数 (SE)	模型 8 社会经济地位高 回归系数 (SE)	模型 9 社会孤立程度低 回归系数 (SE)	模型 10 社会孤立程度高 回归系数 (SE)
仅工作者	−0.02 (0.08)	−0.01 (0.08)	−0.28* (0.12)	0.14 (0.12)	0.16 (0.13)	−0.11 (0.11)	−0.15 (0.08)	−0.95 (1.96)	−0.03 (0.09)	0.08 (0.26)
仅照护者	0.20* (0.09)	0.20* (0.09)	0.07 (0.14)	0.27* (0.12)	0.04 (0.12)	0.38** (0.14)	0.19* (0.09)	−1.62 (2.25)	0.12 (0.10)	0.64 (0.34)
工作—照护者	0.26** (0.09)									
低强度工作—低强度照护者		0.20 (0.14)	−0.12 (0.20)	0.40 (0.21)	0.10 (0.23)	0.20 (0.18)	0.14 (0.15)	−0.57 (2.02)	0.14 (0.15)	0.17 (0.52)
低强度工作—高强度照护者		0.15 (0.10)	−0.13 (0.15)	0.30* (0.14)	0.33 (0.18)	0.04 (0.13)	0.10 (0.11)	−0.92 (1.99)	0.09 (0.11)	0.22 (0.36)

第五章 工作与家庭照护对中老年人主观幸福感的影响

续表

变量	模型1 四分类别 回归系数 (SE)	模型2 七分类别 回归系数 (SE)	模型3 男 回归系数 (SE)	模型4 女 回归系数 (SE)	模型5 城镇 回归系数 (SE)	模型6 乡村 回归系数 (SE)	模型7 社会经济地位低 回归系数 (SE)	模型8 社会经济地位高 回归系数 (SE)	模型9 社会孤立程度低 回归系数 (SE)	模型10 社会孤立程度高 回归系数 (SE)
高强度工作—低强度照护者		0.30* (0.13)	0.02 (0.17)	0.47* (0.20)	0.13 (0.20)	0.35* (0.16)	0.22 (0.13)	−1.35 (1.98)	0.18 (0.13)	1.34** (0.50)
高强度工作—高强度照护者		0.37*** (0.10)	−0.05 (0.14)	0.73*** (0.15)	0.39* (0.17)	0.35** (0.13)	0.25* (0.10)	−0.68 (1.99)	0.31** (0.11)	0.82* (0.38)
女（是=1）	1.58*** (0.08)	1.58*** (0.08)			1.34*** (0.12)	1.73*** (0.10)	1.78*** (0.08)	0.52 (0.36)	1.64*** (0.08)	1.62*** (0.23)
农村居民（是=1）	1.18*** (0.07)	1.18*** (0.07)	0.95*** (0.10)	1.36*** (0.11)			1.52*** (0.07)	0.77** (0.29)	1.22*** (0.07)	0.98*** (0.24)
患有慢性疾病（是=1）	1.27*** (0.07)	1.27*** (0.07)	1.03*** (0.09)	1.47*** (0.10)	1.06*** (0.10)	1.40*** (0.09)	1.30*** (0.07)	0.49 (0.29)	1.26*** (0.07)	1.61*** (0.21)
日常生活能力表中存在困难的总数	1.57*** (0.04)	1.57*** (0.04)	1.63*** (0.07)	1.52*** (0.05)	1.59*** (0.08)	1.54*** (0.05)	1.62*** (0.04)	1.91*** (0.74)	1.63*** (0.04)	1.60*** (0.10)

续表

变量	模型1 四分类别 回归系数 (SE)	模型2 七分类别 回归系数 (SE)	模型3 男 回归系数 (SE)	模型4 女 回归系数 (SE)	模型5 城镇 回归系数 (SE)	模型6 乡村 回归系数 (SE)	模型7 社会经济地位低 回归系数 (SE)	模型8 社会经济地位高 回归系数 (SE)	模型9 社会孤立程度低 回归系数 (SE)	模型10 社会孤立程度高 回归系数 (SE)
年龄（参照组=54岁及以下）											
55—64岁	0.06 (0.08)	0.07 (0.08)	-0.17 (0.11)	0.32** (0.12)	-0.02 (0.12)	0.13 (0.10)	0.11 (0.08)	0.21 (0.39)	0.08 (0.08)	-0.13 (0.31)
65—74岁	-0.26* (0.11)	-0.24* (0.11)	-0.40** (0.15)	-0.03 (0.18)	-0.19 (0.18)	-0.26 (0.15)	-0.18 (0.12)	0.08 (1.09)	-0.13 (0.12)	-0.78 (0.41)
出生队列（参照组=1930—1939年）											
1940—1949年	0.35 (0.24)	0.35 (0.24)	-0.01 (0.32)	0.82* (0.38)	0.34 (0.35)	0.36 (0.33)	0.29 (0.25)	0.00 —	0.21 (0.27)	0.59 (0.53)
1950—1959年	0.37 (0.25)	0.37 (0.25)	-0.02 (0.33)	0.81* (0.39)	0.44 (0.36)	0.37 (0.34)	0.23 (0.26)	0.36 (1.60)	0.23 (0.28)	0.58 (0.58)
1960—1969年	0.48 (0.26)	0.49 (0.26)	0.05 (0.35)	0.97* (0.40)	0.81* (0.38)	0.30 (0.36)	0.21 (0.27)	0.51 (1.62)	0.30 (0.29)	0.82 (0.65)

第五章 工作与家庭照护对中老年人主观幸福感的影响

续表

变量	模型1 四分类别 回归系数	(SE)	模型2 七分类别 回归系数	(SE)	模型3 男 回归系数	(SE)	模型4 女 回归系数	(SE)	模型5 城镇 回归系数	(SE)	模型6 乡村 回归系数	(SE)	模型7 社会经济地位低 回归系数	(SE)	模型8 社会经济地位高 回归系数	(SE)	模型9 社会孤立程度低 回归系数	(SE)	模型10 社会孤立程度高 回归系数	(SE)
因过世等原因而无法继续追踪	0.04	(0.18)	0.04	(0.18)	0.11	(0.25)	-0.03	(0.27)	-0.15	(0.24)	0.33	(0.29)	-0.08	(0.19)	0.78	(0.68)	0.04	(0.19)	0.27	(0.71)
工作类别（正式=1）	-0.67***	(0.07)	-0.68***	(0.07)	-0.69***	(0.09)	-0.61***	(0.13)	-0.73***	(0.11)	-0.72***	(0.10)					-0.65***	(0.07)	-0.79**	(0.29)

受教育程度（参照组=初中及以下）

| 高中及中专 | -1.23*** | (0.10) | -1.23*** | (0.10) | -1.00*** | (0.13) | -1.63*** | (0.18) | -1.18*** | (0.13) | -1.31*** | (0.16) | | | | | -1.21*** | (0.10) | -2.28*** | (0.43) |
| 大专及以上 | -1.55*** | (0.21) | -1.55*** | (0.21) | -1.46*** | (0.25) | -1.89*** | (0.41) | -1.62*** | (0.22) | -1.41* | (0.68) | | | | | -1.61*** | (0.21) | -1.17 | (1.24) |

家庭资产四分（参照组=25%及以下）

| 26%—50% | -0.53*** | (0.08) | -0.53*** | (0.08) | -0.37*** | (0.11) | -0.65*** | (0.11) | -0.49*** | (0.13) | -0.53*** | (0.09) | | | | | -0.59*** | (0.08) | -0.72** | (0.23) |

续表

变量	模型 1 四分类别 回归系数 (SE)	模型 2 七分类别 回归系数 (SE)	模型 3 男 回归系数 (SE)	模型 4 女 回归系数 (SE)	模型 5 城镇 回归系数 (SE)	模型 6 乡村 回归系数 (SE)	模型 7 社会经济地位低 回归系数 (SE)	模型 8 社会经济地位高 回归系数 (SE)	模型 9 社会孤立程度低 回归系数 (SE)	模型 10 社会孤立程度高 回归系数 (SE)
51%—75%	-0.87*** (0.08)	-0.87*** (0.08)	-0.77*** (0.11)	-0.93*** (0.11)	-0.69*** (0.13)	-0.94*** (0.10)			-0.93*** (0.08)	-1.28*** (0.25)
76%—100%	-1.45*** (0.08)	-1.45*** (0.08)	-1.32*** (0.11)	-1.54*** (0.12)	-1.29*** (0.13)	-1.48*** (0.10)			-1.54*** (0.08)	-1.88*** (0.29)
婚姻状况（未婚或未同居=1）	1.31*** (0.12)	1.31*** (0.12)	1.33*** (0.19)	1.29*** (0.16)	1.07*** (0.19)	1.48*** (0.16)	1.61*** (0.12)	1.77* (0.71)		
与子女的联系频率低于每月一次（是=1）	0.66*** (0.10)	0.65*** (0.10)	0.83*** (0.13)	0.49*** (0.14)	0.73*** (0.19)	0.61*** (0.11)	0.69*** (0.10)	0.71 (0.54)		
上周未参与任何社交活动（是=1）	0.51*** (0.05)	0.51*** (0.05)	0.56*** (0.07)	0.48*** (0.08)	0.71*** (0.08)	0.39*** (0.07)	0.59*** (0.05)	0.65** (0.24)		
Constant	5.89*** (0.27)	5.87*** (0.27)	6.63*** (0.35)	6.64*** (0.41)	5.77*** (0.39)	7.11*** (0.36)	4.71*** (0.27)	4.40 (2.34)	6.35*** (0.29)	7.81*** (0.68)
组内 R^2	0.03	0.03	0.03	0.02	0.02	0.03	0.03	0.03	0.02	0.02

第五章 工作与家庭照护对中老年人主观幸福感的影响

续表

变量	模型 1 四分类别 回归系数	(SE)	模型 2 七分类别 回归系数	(SE)	模型 3 男 回归系数	(SE)	模型 4 女 回归系数	(SE)	模型 5 城镇 回归系数	(SE)	模型 6 乡村 回归系数	(SE)	模型 7 社会经济地位低 回归系数	(SE)	模型 8 社会经济地位高 回归系数	(SE)	模型 9 社会孤立程度低 回归系数	(SE)	模型 10 社会孤立程度高 回归系数	(SE)
组间 R^2	0.23		0.23		0.19		0.21		0.19		0.23		0.20		0.04		0.21		0.17	
整体 R^2	0.17		0.17		0.14		0.15		0.15		0.17		0.15		0.04		0.16		0.15	
N	47078		47078		22422		24656		17354		29724		45697		1381		42239		4839	

注：* $p<0.05$，** $p<0.01$，*** $p<0.001$，括号内为标准误，空白数据表示该年龄段缺乏社会经济地位高的样本。

模型3和模型4的结果表明,承担工作和照护的双重责任的女性的抑郁程度较非工作—非照护的女性高,而男性未必具有相同的劣势。图5-2显示了分性别的工作—照护类别的预测抑郁程度。本章发现的性别差异与先前的研究一致,可以解释为女性更容易因为工作和照护带来的直接影响(工作过载和家庭责任引起的慢性压力)和间接影响(疲劳和困扰感)而感到抑郁(Nolen-Hoeksema et al., 1999)。

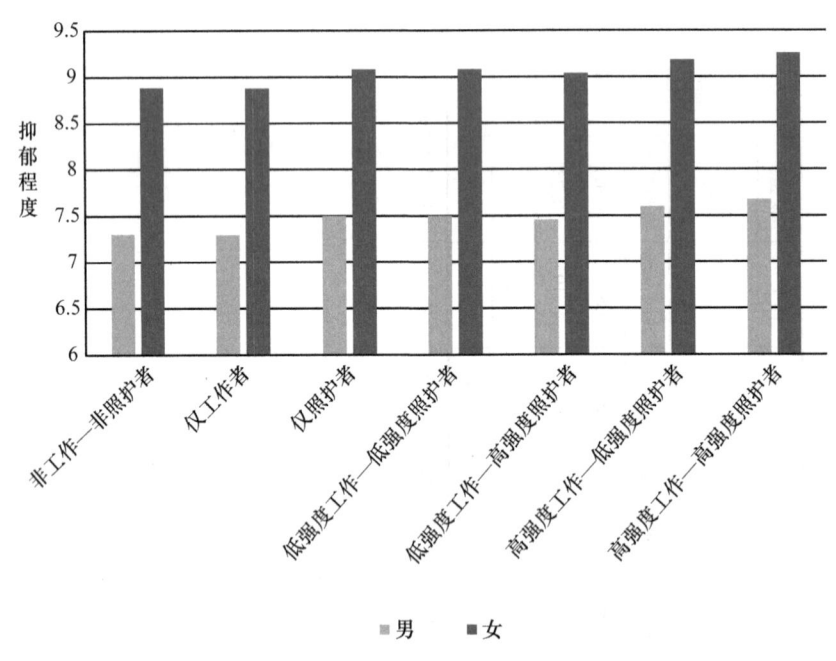

图5-2 分性别工作—照护类别的预测抑郁程度

模型5和模型6显示,虽然乡村和城镇的高强度工作—高强度照护者都显示出更高的抑郁程度,但城镇居民中的高强度工作—高强度照护者相比非工作—非照护者抑郁程度的增加更多。然而,乡村组和城镇组的差异在统计学上并不显著,假设H3b没有得到支持。

模型7和模型8的结果支持了假设H3c,表明高强度的双重负担与

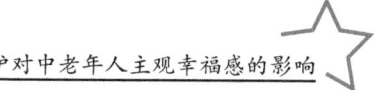

抑郁程度的上升有关，但仅适用于社会经济地位较低的个体。工作性质的差异可能是造成不同健康结果的原因。社会经济地位较低的中老年人主要从事农业工作和非正式经济部门工作，这需要更多的体力劳动，但获得的收入较低。相比之下，社会经济地位较高的工作者通常在政府机构就职或从事专业工作，这些工作要求的劳动强度较低，薪资较高（Moortel et al., 2020；Xie & Han, 2023）。因此，工作和照护的双重负担更容易危害社会经济地位较低的群体的健康。

模型9和模型10的结果显示，社会孤立程度较高的工作—照护者往往表现出更高的抑郁程度，这支持了假设H3d。该发现与文献中的诠释一致，对于社会孤立程度较低的群体来说，社会融入通过扩大寻找资源和有益社交联系的机会，从而减少了角色过多对主观幸福感的有害影响，但社会孤立程度较低的群体没有了这些资源，因而负面影响体现得更加显著（Lee et al., 2018）。

六 研究结论与讨论

在西方社会，中年女性常常面对的工作和照护的双重负担被广泛讨论，许多研究发现它与不利的健康结果相关（Arpino & Bellani, 2022；Chen et al., 2019；Chen et al., 2020）。在本章中，笔者将对双重负担讨论扩展到中国的中老年群体中。中国的就业和照护之间的界限不那么明确，传统社会规范期望代际支持，同时在家庭成员中工作和提供非正式照护的实践也很普遍，因此本章的发现对于社会文化相似的发展中国家有一定参考价值。本章使用了2011—2018年中国健康与养老追踪调查的数据，以评估工作和照护对中国中老年人的主观幸福感的共同影响。使用具有稳健标准误的随机效应模型，本章发现工作者和照护者的双重角色与更高的生活满意度以及更高的抑郁程度相关。生活满意度的提高表明，在一个重视代际团结的社会中，提供经济和工具支持以对家庭做出贡献对个体来说能在情感上提供相当高的满足感，尤其是当个体同时进行这两项工作时。然而，与双重角色相关的更高抑郁程度表明，越来越多的中老年人在面对工作和照护责任的时候，仍然面临潜在的情绪和健康风险的增加。

在进一步评估照护和工作强度的作用时，研究结果发现中低强度的工作和照护可能会提高生活满意度，且未必导致抑郁程度的上升。然而，当用于工作和照护的时长增加，劳动负荷变得更加沉重时，同时担任双重角色的有益影响不再存在，而对抑郁程度的影响变得更加严重。

本章的研究结果为角色增强观点和角色紧张观点提供了支持。同时担任工作者和照护者的角色对生活满意度的积极影响表明，履行多种角色可以增强个体的主观幸福感，支持了角色增强观点的预测。然而，研究结果还表明，当工作和照护责任需要较多的时间投入时，双重角色带来的积极效应减弱，有害效应加剧，尤其是在抑郁程度方面更加明显。这一发现为角色紧张观点的预测提供了证据，即不同角色的组合可能会使任务变得过于繁重，带来额外的压力，因此对个体的福祉有害。

与女性相比，同时处理工作和照护的责任对男性带来的有利影响更多，不利影响更少。相对于女性非工作—非照护者，女性低强度工作—照护者在生活满意度方面没有提升，而随着工作负荷的增加，她们的抑郁程度明显提高。尽管女性已经积极参与劳动力市场，但男性对家庭劳务的参与程度依然较低，照护依然被视为女性的责任。男性参与非正式照护的机会相对有限，通常从事的也是多样化且不那么有压力的活动。对于中老年妇女来说，制度化的照护服务依然不足，文化刻板印象又要

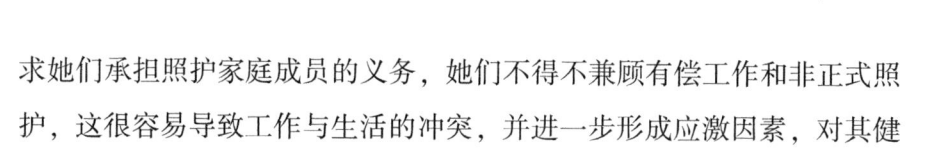

求她们承担照护家庭成员的义务,她们不得不兼顾有偿工作和非正式照护,这很容易导致工作与生活的冲突,并进一步形成应激因素,对其健康造成损害,降低其幸福感。

较高的社会孤立程度是重要的调节因素之一,它减弱了工作—照护者双重角色对生活满意度的正面影响,加剧了其对抑郁程度的负面影响。失去社会联系仍然是中老年人普遍面临的挑战,因为他们很可能会因为停止工作而失去与同事的联系,或因亲朋好友去世而失去与朋友和亲属的联系。社会脱离在中国背景下可能特别有害,因为中国的中老年人深受集体主义和相互依存的社会规范的影响(Lai et al., 2020)。

本章也假设农村/城市居住安排和社会经济地位会调节工作—照护者对主观幸福感的影响。然而,就生活满意度来说,不同社会经济地位组别间的差异在统计学上并不显著。城乡工作—照护者在抑郁程度上的差异在统计学上也不显著。

本章的研究并非没有局限性。首先,由于数据限制,工作和照护的强度是通过时间负担来衡量的,没有具体考察工作的特征,比如体力要求、工作时间(调班制度)和危险的工作环境。此外,照护的强度还可以通过与照护对象的关系、是否与照护对象同住以及照护对象的健康状况来进一步衡量。如果家庭成员中有残障人士,则需要更高强度的护理,使照护工作变得尤其艰难。可惜的是,数据并未收录受访者及其配偶之外家庭成员的健康状况,因此无法以此为依据界定照护的强度。未来的研究可以进一步关注残障儿童家庭里中老年祖父母的照护负担。其次,7年的时间窗口可能无法捕捉到工作者和照护者的责任及其对主观福祉造成的影响在个体生活过程中的全部变化。再次,本书没有探讨双重角色是通过什么机制和渠道影响主观幸福感的。未来的研究可以探讨潜在的途径,如自我照护时间、休闲时间以及与家庭成员的情感亲近度等。

第六章
研究结论与政策建议

本书的研究对象是中国45—60岁的中老年群体,其中许多承担着有偿工作和家庭照护的双重责任。全书运用生命历程理论、社会角色理论,使用来自中国健康与养老追踪调查(CHARLS,2011—2018)的纵向数据,分析中国中老年人平衡工作和家庭照护责任的现状、原因与后果,并提出相关政策建议,希望达到减轻中老年人的工作与家庭照护负担,优化完善中国社会保障制度体系,促进中国中老年人的工作与家庭双赢,实现中老年人的全面、平等、均衡发展的目标。

已有文献研究通常将中老年人视为工作者,评估家庭照护活动的额外影响;或者将他们视为家庭照护提供者,研究他们参与劳动力市场的额外影响。然而,考虑到中国人口迅速老龄化、普遍延长的人均预期寿命和代际团结观念根深蒂固的现状,中老年人极有可能承担多重角色,面对平衡工作与家庭双重责任的挑战。因此,他们处理家庭和工作责任的出发点和路径可能不同于那些只承担单一角色的人。平衡工作和家庭照护的责任可能充满困难,因为角色期望可能相互冲突,而个体的资源有限。

第六章 研究结论与政策建议

为了研究工作和家庭之间的相互关系在生命后期的持续性，本书首先探讨了与孙辈同住对中老年人的工作前景的影响（第二章）。接着，使用非对称固定效应模型，探讨了开始、结束与孙辈同住对中老年人劳动力参与的差异化影响，以及其中的性别差异（第三章）。随后，研究范围扩大并研究多种居住安排与角色转变的关联，特别关注成为或退出工作—照护者角色的群体（第四章）。最后，研究探讨了不同强度的工作—照护者的主观幸福感结果（第五章）。根据中国健康和养老追踪调查（CHARLS，2011—2018）的 4 轮纵向数据研究发现，在中国背景下，中老年工作—照护者相当常见，而他们承担双重责任主要是受到家庭成员的照护需求的推动。高强度的工作—照护者表现出更高的抑郁程度，但低强度的工作—照护者报告了更高的生活满意度。

一 主要结论

具体来说，全书研究的主要结论如下。

第一，与孙辈同住对中老年人选择是否工作、工作多长时间存在影响，这种影响因中老年人的性别和就业部门而不同。

当中老年人作为祖父母与成年子女及孙辈同住时，无论男女，其劳动力参与和工作时间都有所减少。然而，与孙辈同住的影响因性别和就业部门而异。对于祖父来说，与孙辈同住，与更高的劳动力参与率相关联。相反，在正式部门工作的祖母在孙辈到来时更倾向于退出劳动力市场，而在非正式部门工作的祖母则会延长工作时间。这种性别效应凸显了女性的照护责任，与男性的经济角色形成对比。

本书发现孙辈的照护需求导致女性劳动力供应减少，与已有研究发现女性更有可能因为非正式照顾义务而退出劳动力市场或休假一致（Smith et al., 2020）。此外，正式部门和非正式部门工作者之间的差异分析表明，正式部门灵活性的匮乏，对中老年人平衡兼顾工作与家庭照护造成了困难，而非正式部门工作的灵活性，则让中老年人更能兼顾工作与家庭照护责任。与发达国家相比，在发展中国家，非正式部门经济在总体经济中占据相当大的份额，而工作和家庭照护之间的界限更加模糊，所以，中老年人工作时间安排的灵活性尤为重要。以往文献通常认为祖母是孙辈的照护者，预期其减少劳动力供应以满足孙辈出生带来的照护需求，但本书则强调了祖母参与工作为家庭带来的经济贡献。

第二，与孙辈同住开始、同住结束，对中老年群体的劳动力参与有不同影响，这种影响因中老年人的性别而不同。

第三章在第二章研究结果的基础上区分了中老年人与孙辈同住开始、同住结束对劳动力参与的不同影响及其中的性别差异。与孙辈同住开始，由于个人的时间、精力和资源有限，往往对祖父母工作参与造成负面影响，对于女性来说尤其如此。由于社会性别角色分工，女性普遍被认为应当优先承担家庭责任，因此，与孙辈同住时，祖母更可能停止工作而照顾孙辈，尤其是对孙辈的高强度照护，对女性的工作参与有着更消极的影响，但对祖父并无同等的负面影响。

与孙辈同住结束也并不一定意味着祖父母能够重返职场。履行照护责任可能会影响工作者资源的积累，例如人脉、专业技术、前沿信息等，再加上年龄的增长、身体机能的衰退，即使在结束与孙辈同住后，祖父母可能也很难重新投入工作。与孙辈同住结束，减少了男性的工作可能性，对女性没有显著影响。

第三，中老年群体工作与照护的决策与转变主要受照护需求影响，与孙辈、子辈、配偶、长辈共同居住均有可能影响角色转变，其中孙辈的影响最为突出。

第四章突出了照护需求对中老年人承担责任的影响。通过将个体分为4个不同的群体：非工作—非照护者、仅工作者、仅照护者和工作—照护者进一步深入研究。这样的分类方式能够全面展示个人的角色转变并分析居住安排的影响。鉴于平衡多重角色可能带来额外负担，工作—照护者群体成为本部分的研究重点。在每一次访谈中，受访者被归类为这些类别中的一个，再基于两次访谈的类别构建类别间的转变轨迹。最常见的轨迹是持续的仅工作者、持续的工作—照护者、仅工作者转变为工作—照护者以及工作—照护者转变为仅工作者。这一发现强调了中老年人承担工作和照护双重责任的普遍性，从而将对双重负担带来的挑战的讨论扩展到了生活的中老年阶段。多元逻辑回归的结果显示，与存在潜在照护需求的家族成员同住，尤其是与孙辈同住，与成为工作—照护者的更高可能性以及退出工作—照护者的更低可能性相关。

第四，中老年工作—照护者的主观幸福感受劳动和照护强度影响，低强度工作—照护者生活满意度较高，但高强度工作—照护者抑郁程度较高。

在第四章建立的工作—照护类型的基础上，第五章深入探讨了与每种工作—照护类型相关的主观幸福感影响。与非工作—非照护者相比，只有工作—照护者表现出了更高的生活满意度。然而，仅照护者和工作者—照护者都报告了更高的抑郁程度。值得注意的是，虽然适度的就业和非正式照护与更高的生活满意度相关，但同时经历高强度的工作和照护仅与抑郁程度的增加相关联。此外，与男性相比，女性工作—照护者的生活满意度较低，抑郁程度较高。较低的社会孤立程度作为一种保护因素，可以缓冲工作—照护者的多重角色造成的负面影响。总的来说，这些发现表明，同时从事工作和照护活动可能带来积极和消极的影响，从而为角色紧张和角色增强两种观点提供了证据。此外，结果表明，作为工作—照护者的主观幸福感影响受性别和社会孤立程度的调节：女性和高度孤立的工作—照护者相对于男性和社会孤立程度较低的群体更容易受到负面影响。

二 政策建议

本书的研究目标是减轻中老年人的工作与家庭照护负担，优化完善中国社会保障制度体系，促进中国中老年人的工作与家庭实现双赢，实现中老年人的全面、平等、均衡发展。为达到此目标，本书提出以下政策建议。

（一）关注承担工作与家庭责任的中老年人，有效提升其社会保障水平

中老年人在体力、能力、资源分配占有、市场参与机会等方面处于相对弱势地位，如何减轻他们的工作—照护负担、提升他们的生活质量，需要政府与社会关注。

中国许多中老年人由于未能从社会保障体系中获得足够的福利，他们在老年时期即便是高龄老年时期依然不得不继续从事非正式部门工作，或不得不继续承担家庭照护责任，更有众多需要同时承担非正式部门工作与家庭照护两种繁重责任的人群。对于这部分人群，增加其收入、提高其社会保障水平至关重要，这能缓解其经济负担，有效地减少双重角色的负面影响。

本书可以促使政策制定者更好地理解从事不同类型工作、担负不同

类型家庭责任的中老年人群体的多样性,从而有利于政府制定出因人而异、有针对性的、适合不同人群特点的社会保障措施。

例如,一直从事非正式工作而又需要照顾孙辈的空巢家庭的中老年人,是非常容易遭受双重责任负面影响的群体,迫切需要社会保障体系的保护。一方面,在工作上,他们从事待遇福利差、政治社会地位低的非正式工作,基本处于社会保障体系之外,是"缺失的中间层"①(missing middle)的主要组成群体,没有参与社会保障体系上端的"社会保险",同时又不够条件申请社会救助,没有被社会保障体系下端的"社会救助"所覆盖。另一方面,在家庭责任上,因未与儿女辈共同居住,他们需要承担繁重的家庭照护负担。

将处于社会保障"缺失的中间层"的中老年人纳入社会保险的保障范围,能有效提升他们的社会保障水平。《国务院办公厅关于支持多渠道灵活就业的意见》(国办发〔2020〕27号)规定了灵活就业人员②参加社会保险的办法,明确了灵活就业人员退休后的待遇水平(与企业职工退休水平相同),这是将灵活就业人员纳入基本养老保险覆盖范围的有益举措,但是,他们依然普遍面临低待遇(薪资、社保、福利)和低发展空间(发展晋升空间有限、学习培训机会少)的困境,迫切需要用改革的办法和创新的思维去解决突破。

将处于社会保障"缺失的中间层"的中老年人纳入社会救助的保障范围,也能有效提升他们的社会保障水平,这需要放宽社会救助申请

---

① "缺失的中间层"(missing middle)是近年来在国际社会保障领域被高频使用的一个热门词,是指没有被社会保障体系上下端覆盖(或很低水平覆盖)的群体,即他们在非正式部门工作,与雇主之间的关系并非典型的劳动关系,没有参与社会保障体系上端的"社会保险",同时又达不到申请社会救助的条件,没有被社会保障体系下端的"社会救助"所覆盖,他们在社会保障体系中处于保障缺失的状态。

② 书中的"灵活就业人员""非正式部门工作者""非正式工作人员""非正规就业人员",都是指从事农业自雇、农业受雇、家庭经济和非农自雇类工作的人员。

条件，扩大社会救助的覆盖面。

还可以借鉴国际经验，提升中老年人社会保障水平。例如，对于从事家政服务的非正式部门工作人员，国际劳工组织提供的以下解决方法，非常值得中国借鉴推广。一是制定国际劳工标准，1952 年的《社会保障（最低标准）公约》和《关于家政工人体面劳动的公约》、2011 年的《关于家政工人体面劳动的建议书》、2012 年的《关于国家社会保护底线的建议书》，有效提升了家政从业人员的社会保障水平。二是确保家政从业人员享有至少与其他行业从业人员同等的有利条件。三是量身定制和简化管理程序，以确保法律保护转化为实际保护。四是简化、精简注册和支付程序，并建立适当的融资机制。五是设计适合家政工作特点的福利制度。六是完善监察服务以及投诉和上诉机制，以确保遵守规定。七是提高家政从业人员及其雇主对其权利和义务的认识[1]。

我们可以参照国际劳工组织提升家政服务人员社会保障水平的做法，对中老年人较多从事的保安、家政、环卫、零售、仓储、物流、农业生产等非正式工作，实施有针对性的、适合不同工作特点的保障措施。

(二) 扶持促进非正式工作部门发展，增加中老年人的就业机会

中国中老年人在应对家庭照护责任时，因工作类型不同，出现了不同的应对措施。因照护家庭需要，中老年人如果是在正式部门工作，因工作时间没有灵活性，通常导致中老年人退出劳动力市场。在非正式部门工作的中老年人则因工作时间和工作量存在一定程度的灵活性而更有机会平衡多重责任，兼顾工作与家庭。中国和很多发展中国家一样，面

---

[1] 《国际劳工组织：只有 6% 的家政工人享有全面的社会保障》，联合国新闻网，https://news.un.org/zh/story/2022/06/1104662，2022 年 6 月 16 日访问。

临着如何延迟退休年龄的问题。如果实施延迟退休，在目前中老年人需要兼顾工作和家庭照护的情况下，他们的健康很难得到保障。因此，为了缓解中老年人承担双重责任的压力、保障他们的健康，政府需要扶持促进非正式工作部门发展，同时要鼓励正式部门提供具有一定时间灵活性的工作。

相较于正式部门工作而言，非正式部门工作具有政治社会地位低、工作时间灵活等特点，非正式部门工作人员的薪资、社保、福利低，培训、晋升机会少。对于承担工作—家庭照护双重责任的中老年人来说，他们更需要灵活性强的工作时间，非正式工作更有可能提供机会让他们去平衡工作和家庭。因此，需要制定促进非正式工作部门发展的政策，为承担双重责任的中老年人增加劳动力市场就业机会、提供更多就业岗位，以达到缓解他们经济、心理压力的目的。

促进非正式工作部门发展，需要减少对非正式工作部门的歧视，让非正式工作部门与正式部门一样，拥有平等参与市场竞争的机会，为此，需要多举措提升非正式工作部门的政治社会地位、降低非正式工作部门的运营成本、宣传非正式工作部门的品牌、提升非正式工作部门的社会认同度。正如联合国秘书长古特雷斯在应对全球贫困时所说：需要"减少非正规就业和不同性别之间的薪资差距，促进安全可靠的工作环境，为所有人创造体面的工作"[1]。

目前，政府可以采取以下具体的政策措施来扶持促进非正式工作部门发展。

提高认识，提升非正式工作部门的社会认同度：随着互联网技术与新冠疫情的影响，非正式工作部门在世界上大多数国家得到了很快发

---

[1] 《全球应对贫困和环境相关可持续发展目标的"雄心还不够"》，联合国新闻网，https：//news.un.org/zh/story/2019/07/1037751，2019年7月9日访问。

展，并成为一种国际性发展趋势。中国政府也应该顺势而为，提升非正式工作部门的社会认同度，提升非正式工作部门的职业认同度和荣誉感，稳定和扩大非正式工作部门的专业人才队伍。

完善管理制度，强化宏观指导：加强顶层设计，进一步转变政府职能，让非正式工作部门与正式工作部门享有平等的制度环境。例如，让非正式工作部门在税收优惠、人才引进、劳动者保护等方面，拥有政府、事业单位、国有企业、外资企业等正式工作部门的同等待遇，使得各市场主体拥有公平竞争的制度环境，改变社会福利资源分配不公平的现状。

积极搭建平台，促进非正式工作部门的人才发展：一是加大专项资金投入，积极扶持非正式工作部门的人才队伍成长；二是建立非正式工作部门的人才服务网络地图、人才供需平台等线上新媒体平台。

(三) 合理布局满足家庭基本生活需求的服务设施，减轻家庭照护者负担

在中国，家庭照护责任传统上依赖于家庭成员，同时，因社会照护机构较少且能力不足，家庭照护难以得到来自社会的有效服务，也使家庭照护只能转而过度依赖家庭成员，尤其是依赖身为祖父母的中老年人。但是，随着中国生育率下降和大规模农村人口向城市迁移，传统家庭照护网络逐渐不再触手可及。因此，有必要投资建设更多价格合理的、能满足家庭基本生活需求[①]的服务设施，为家庭照护者减轻负担、提供支持。特别是在农村地区，更需要加大建设满足家庭基本生活需求设施的力度。

---

① 家庭基本生活需求一般包括吃、穿、住、行等，家庭照护的核心需求是生活照料、基本的医疗服务、托幼服务与养老服务。

完善的社区服务设施，可以有效降低家庭照护成本，既能减轻家庭照护者负担，也能减轻家庭经济负担。目前，天津市、西安市等地的"15分钟便民服务圈"建设，非常值得借鉴推广。这些城市的"15分钟便民服务圈"，通过合理布局服务设施以确保居民步行15分钟就能享受到以下三类服务：一是居民购物、看病、家政、中介、维修等日常需求服务，二是因社区公共服务设施缺损或突发事件等导致的应急需求服务，三是社区孤寡、残疾等特殊群体的一些特殊服务需求。

对于承担家庭照护责任的中老年人来说，核心需求是生活照料、基本的医疗服务、托幼服务与养老服务，"15分钟便民服务圈"的建设可以满足前两类需求。因此，对于正在或将要实施"15分钟便民服务圈"的城市来说，承担家庭照护责任的中老年人可以充分利用该服务圈提供的服务设施，政府与社区着重布局托幼服务与养老服务设施；对于没有实施或近期难以实施"15分钟便民服务圈"的中小城市及农村区域，政府与社区可以优先重点建立布局满足生活照料、基本的医疗服务、托幼服务与养老服务需求的设施。这些服务设施的建设布局，要以普惠性为原则，按照社区人口规模，设立社区服务机构。

（四）关注农村女性中老年人的需求，维护其基本权益

基于性别差异、城乡差异来分析中国中老年人的工作与家庭照护责任，是本书的重要特点。一个社会尊重和保护女性的程度，一定程度上反映这个社会的文明程度。中国是一个农业大国，"三农"（农业、农村、农民）问题关系到社会稳定，在做好巩固拓展脱贫攻坚成果同乡村振兴有效衔接的同时，农民的权益与基本生活需求必须得到重视，而女性农民的权益与基本生活需求尤其需要得到特别重视。

据联合国预测，在2020—2025年，中国女性预期寿命将比男性高

4.1岁，"老龄人口女性化"趋势非常明显。由于城乡差异、男大女小的婚姻模式，加上历史、文化、社会和生理等方面的影响，中国农村女性中老年人在经济资源的分配占有方面处于非常弱势的地位，但是，性别角色和性别期望的作用，却使她们事实上成为家庭照护责任的主要承担者，也使她们在就业、社会参与等方面承受性别歧视，她们的权益难以得到充分保障，她们的需求较少被考虑、被尊重。很多农村女性中老年人被看作是一种社会负担，她们的老龄化被看作给家庭、政府带来压力与问题的过程。

目前，中国农村女性中老年人在平衡工作与家庭照护责任时普遍存在的现状是：高劳动参与率、主要工作于非正式部门、没有或低水平的社会保障、是家庭照护责任的主要承担者，这需要政府与全社会特别关注，出台以下政策去维护她们的权益、尊重她们的需求，从而引导她们的健康老龄化。

政策方面，需要切实保障农村女性中老年人权益：推进不同性别同工同酬，减少就业性别歧视；建立更灵活的女性就业进入、退出机制；维护农村女性中老年人财产权益，不得以未婚、结婚、离婚、丧偶等为由，侵害她们在农村集体经济组织中的各项权益（如土地承包经营权及其收益权）；倡导男女在承担家庭照护责任方面的平等合作与分工。

与此同时，有必要建立健全家庭照护者的技能培训体系：农村女性家庭照护者普遍缺乏必要的照护知识和服务技能，服务能力严重不足，服务质量不高。对此，可由政府提供政策与资金支持，依托社会医疗、养老、幼托机构，为家庭照护者提供有针对性的技能培训，提高其护理能力。

（五）关注特殊人群①家庭照护者的特殊需求，给予政策支持与人文关怀

家庭中有残障、心智障碍成员的家庭照护者，面临着巨大的经济压力、生理压力与心理压力，承担着收入、健康、闲暇等福利损失。一方面，他们的照护工作几乎是全天候的，他们被迫放弃工作或者选择兼职工作，导致家庭总收入下降，甚至陷入贫困，经济压力巨大。另一方面，他们工作时间长，劳动强度大，生理压力与心理压力巨大。目前，对这类家庭照护者的福利损失，学术界缺乏深入研究与客观评价，政府没有建立合理经济补偿机制，忽视了他们平等参与社会生活的权利以及个体发展的需求。因此，政府与社会应该针对这一群体的特殊需求而采取一些特殊措施。

建立覆盖各社区残障、心智障碍人员的信息库：为减轻特殊人群的家庭照护者负担，政府可以依托各省市一体化政务大数据中心，建立覆盖各社区残障、心智障碍人员的信息库，利用互联网、物联网等科技手段和相关设施设备将专业照护服务延伸至特殊人群家庭，通过对家庭环境的适当改造，为特殊人群提供专业护理、远程监测与居家服务，提升智能化服务水平。

建立嵌入特殊家庭需求的社区支援平台：社区是特殊家庭成员生活的主要场域，也是最近的资源获取渠道。虽然社区设立了儿童、残联服务专干等职位，但服务权责不清且下沉社区的资源有限，社区对特殊家庭的服务很少而且低效。这亟须将服务资源下沉社区，并在现有的社区党群服务、社康中心等平台基础上，建立嵌入特殊家庭需求的社区支援

---

① 意为残障、心智障碍特殊人群，此处主要指残障人、精神障碍患者、智障儿童、失能失智老人等。

平台，让残障、心智障碍人员能够在社区享受一站式服务，并获取服务资源信息、必要时能进入服务转接系统，以获取更多更专业的服务。

建立特殊人群家庭照护者的经济补偿制度：对于有残障、心智障碍人员的家庭照护者，给予合理的经济补偿，根据被照顾人的残障、智障等级给予相应津贴，津贴标准可参考同地区市场化幼儿服务机构人员的薪资待遇。对于经济困难家庭的照护者，可以依据当地低收入者救助计划，发放社会救助津贴，并给予社会保险缴费减免的优惠，缓解照护者家庭的经济压力。

为特殊家庭照护者提供"喘息服务"[①]："喘息服务"是政府、社会为特殊家庭提供的短时间临时性服务，目的是让特殊家庭照护者能得到短暂休息，有一个喘息的机会。北京、南京等城市为失能失智老人的家庭照护者开展"喘息服务"的做法，可以推广到有残障、心智障碍人员的家庭。例如，可以通过政府购买服务的方式，由政府为残障、心智障碍人员每年免费提供15天的"全托"服务，补贴标准是150元/天。符合条件的残障、心智障碍人员既可以选择短期入住福利院和养老机构，也可以选择由专业的儿童福利院、养老服务组织实行居家上门照护。

三　研究贡献及未来展望

（一）研究贡献

本书对现有文献做出了以下贡献。

[①] "喘息服务"，在欧美一些国家是一种常见的社会养老服务，它由政府或民间机构牵头成立专门队伍，经过培训后，提供时间较短的临时性的老人照护服务，给照护老人的家庭照护者一个喘息的机会。该服务被比喻为"养老救火队"。

1. 本书以中老年群体为研究对象，分析了承担工作与家庭照护责任的这一独特中老年群体的现状、原因、综合影响。本书运用社会角色理论、生命历程理论，扩展了人们对工作和家庭照护角色双重负担的理解，改变了已有研究多关注中年女性而忽视中年男性和老年群体的研究现状，将研究对象扩大到中老年群体。已有研究较少以"中老年人"这一特殊群体作为研究对象，对中老年人工作与家庭照护角色的研究，国内外研究文献很少立足于中国背景与中国问题，国际文献非常欠缺。

2. 尽管学者们对探索人生中后期的照护或工作/退休对健康的影响表现出浓厚兴趣，也做出了许多努力，但迄今为止，大多数研究仅仅关注照护或工作的单独影响，而将另一方置于次要地位，这可能低估了这两个重要部分在中老年群体日常生活中彼此的相互关联，并忽视了它们共同影响健康和福祉的过程。因此，本书是首批全面探讨中老年工作—照护者的转变以及承担双重责任对健康影响的研究成果之一。

3. 本书采用了多种分析方法来捕捉工作—照护者转变的模式。利用纵向数据，本书阐明了工作—照护者群体的复杂性和动态性。本书通过将中老年人的角色转变与居住安排联系起来，突出了代际相互依赖的现状，为生产老龄化提供了完整的图景，有助于更全面了解在不断变化发展的社会中人生中后期群体的工作和照护轨迹。

4. 本书有助于理解中老年群体中工作和照护对健康的共同影响的多样性，包括性别、农村/城市居住、劳动负荷强度、社会经济地位和社会孤立程度引起的区别。尽管学界已有大量研究关注工作或照护单独对老年人生活的影响，但文献中尚未充分讨论它们的共同影响。本书可以在这方面提供一些思考。

5. 从多项逻辑回归的结果可以看出，中老年人进入和保持工作—照护者身份，主要是由照护需求，尤其是照护孙辈的需求推动的。这一发现进一步增进了我们对中国社会的代际团结和相互支持的理解。

6. 第五章工作—照护者身份对主观幸福感存在不同影响的研究，支持了角色增强和角色紧张假设，表明这两种假设可以同时起作用。健康效应的显著差异表明，双重负担的影响不仅因性别而异，还因工作及照护的强度和社会孤立程度而异。

（二）未来展望

本书旨在探讨中老年人工作和照护之间交织的轨迹，特别关注那些同时承担两种角色责任的人。然而，值得注意的是，中国健康与养老追踪调查提供的 7 年时间窗口可能只能展现个体晚年生活的一部分。未来的研究可以关注成年人从中年到老年的生命历程，并讨论随着潜在的照护对象从子辈转变为孙辈，他们的角色责任和健康如何变化。本书主要关注祖辈对孙辈的照护，未来的研究可以观察对孙辈、对子辈、对伴侣以及对父母和配偶父母的照护对于中老年人的工作和健康的影响有何区别。也可以关注有特殊需求的家庭，比如有残障人员的家庭中，中老年人所承担的责任以及对心理健康的影响。此外，未来的研究可以探讨双重责任是通过何种途径影响中老年人身心健康的，比如影响时间分配、带来情绪价值、获得经济收益等。

主要参考文献

中文文献

陈友华、孙永健：《放大与缩小：中国人口老龄问题中被掩盖的事实——兼论中国老龄研究中的指标改良与理论反思》，《人口研究》2023年第1期。

陈钰晓、周魅：《家庭养老照护对育龄女性二孩生育行为的影响》，《湘潭大学学报》（哲学社会科学版）2023年第1期。

丛金洲、吴瑞君：《退休老年人再就业的实现机制——基于马斯洛需求层次理论的实证分析》，《西北人口》2022年第6期。

杜鹏、高云霞、谢立黎：《中国老年照护服务：概念框架与发展路径》，《老龄科学研究》2022年第9期。

费小啦、姚书秦、朱思怡：《人口老龄化背景下高校退休教师再就业探讨——以南京A大学为例》，《就业与保障》2022年第6期。

高丽：《老年人口乡城流动的健康效应分析——基于CHARLS数据》，《老龄科学研究》2023年第8期。

高利平：《中国老年福利设施的发展方向研究》，《人口与经济》2022

年第 5 期。

高清浅：《积极老龄化视域下退休老年人再就业劳动权益的法律保护》，《北京警察学院学报》2024 年第 3 期。

海鹰、欧蕾、刘天娥：《托育政策调整背景下城市家庭婴幼儿照护服务需求与实现——基于深圳市婴幼儿家庭的调查分析》，《教育导刊》2023 年第 5 期。

何瑜璇：《推广和完善中国长期照护服务体系的探与思》，《西南金融》2023 年第 1 期。

胡明清：《退休老龄群体再就业影响因素研究》，《就业与保障》2022 年第 11 期。

扈新强、赵玉峰：《老年流动人口就业质量及其影响因素研究》，《中国劳动关系学院学报》2023 年第 1 期。

霍翠芳、王洁、家小聪：《农村儿童家庭照护功能缺位的实践表征及规治路径》，《少年儿童研究》2023 年第 4 期。

姜腊：《人口老龄化视域下家庭照护者支持政策研究》，《卫生经济研究》2023 年第 8 期。

李晶、罗晓晖：《中国老龄社会背景下老年人力资源开发研究》，《开放学习研究》2022 年第 4 期。

李青云、卜子涵、黄安乐等：《代际关怀照护方案对养老机构老年人负性情绪的影响》，《华南预防医学》2022 年第 9 期。

李媛：《文化传统视角下我国城市社区居家养老服务发展问题研究——基于 J 省 C 市的调研》，博士学位论文，吉林大学，2023 年。

刘海桃、顾东辉：《社会发展视角下子代与亲代的照护差异研究——基于认知症照护者的质性分析》，《社会工作与管理》2023 年第 3 期。

罗丽、余淑婷、高妙：《我国婴幼儿照护现状研究》，《中国青年社会科学》2022 年第 6 期。

马志强：《农村老年人邻里照护政策执行偏差研究——基于对 C 市的调研》，博士学位论文，吉林大学，2023 年。

苗青艳、杨俊磊、刘玉强：《我国低龄老年人力资源开发政策量化分析与评价》，《中国劳动》2022 年第 5 期。

聂景春、聂炜琦、祖丽胡玛尔·热合曼等：《祖辈参与照护对农村孕产妇身心健康的影响——基于家庭功能视角的实证分析》，《中国农村观察》2023 年第 3 期。

宋林君、杨威：《人口老龄化背景下老年人力资源开发》，《经济研究导刊》2022 年第 22 期。

宋月萍、彭可余、吴昕阳：《助推型老年就业政策：理念、框架与实践逻辑——以日本为例》，《社会建设》2023 年第 4 期。

苏辉：《城市低龄老年人再就业问题研究——基于"老年人再就业问题调查"数据》，《老龄科学研究》2022 年第 12 期。

孙敬华、刘朝旭：《政策工具视角下中国老年长期照护政策量化研究》，《中国卫生政策研究》2023 年第 6 期。

孙雅、周金阳、李婷：《退休再就业对老年人健康的影响——基于 CHARLS 数据的实证分析》，《华中科技大学学报》（社会科学版）2023 年第 5 期。

王莉莉、李清和、肖文印：《新时期我国老龄服务产业中长期发展路径与政策建议》，《老龄科学研究》2023 年第 8 期。

王玲艳、席春媛：《政策回应能否满足人民群众的婴幼儿照护服务需求——协同理论视角下的 31 份照护政策文本分析》，《教育发展研究》2023 年第 10 期。

夏翠翠、林宝：《应对人口老龄化的国际经验及对中国人口政策的启示》,《社会科学辑刊》2023 年第 5 期。

肖严华:《延迟退休年龄:实现路径与政策选择》,《上海经济研究》2023 年第 9 期。

谢立黎、韩文婷:《日本促进老年人就业的政策改革与启示》,《人口与经济》2022 年第 6 期。

徐景龙、陈功:《老年家庭照护对女性工作参与的影响》,《人口与社会》2022 年第 4 期。

杨颖:《美国老年人长期照护服务供给研究》,博士学位论文,吉林大学,2022 年。

叶蕾:《老年人长期照护的关怀理路》,《中国医学伦理学》2023 年第 1 期。

于潇、王琪汇:《中国老年人老化年龄认同与就业选择》,《经济学动态》2023 年第 9 期。

袁苏皖:《老年人再就业探讨》,《合作经济与科技》2023 年第 5 期。

翟德华、于存洋:《积极老龄化视角下我国老年人口就业情况分析——基于第六次、第七次全国人口普查数据的比较》,《老龄科学研究》2023 年第 3 期。

翟绍琪、彭迎春、张志颖等:《老龄健康风险冲击下的社区老年照护关怀体系探究》,《中国卫生事业管理》2023 年第 7 期。

张福顺:《借鉴国际经验促进我国老年人劳动参与》,《中国社会工作》2023 年第 5 期。

张婧:《太原市婴幼儿照护支持对职业女性生育意愿的影响研究》,硕士学位论文,山西财经大学,2023 年。

张静:《长期照护制度的三个世界——兼论中国特色基本养老服务制度创新发展》,《人口与发展》2023 年第 2 期。

张敏、苏培钰:《"好媳妇"、"报"与关系性照护伦理——基于四川嘉绒藏族地区中老年女性照护者的民族志考察》,《妇女研究论丛》2022 年第 6 期。

赵旭:《积极老龄化视角下老年人工作参与影响因素研究——基于 CHARLS-2018 追踪调查数据》,硕士学位论文,延边大学,2022 年。

周倩、杨胜慧:《积极应对人口老龄化政策背景下我国老年人口健康状况分析——基于第六次、第七次全国人口普查数据的比较分析》,《人口与健康》2023 年第 7 期。

周雅茹、李耘、马丽娜:《健康老龄化与老年整合照护》,《中国临床保健杂志》2023 年第 3 期。

英文文献

Allison, P. D., *Fixed Effects Regression Models*, SAGE Publications, 2009.

Allison, P. D., "Asymmetric Fixed-Effects Models for Panel Data", *Socius: Sociological Research for a Dynamic World*, Vol. 5, 2019.

Alpass, F., Keeling, S., Allen, J., Stevenson, B., & Stephens, C., "Reconciling Work and Caregiving Responsibilities among Older Workers in New Zealand", *Journal of Cross-Cultural Gerontology*, Vol. 32, No. 3, 2017.

Arpino, B., & Bellani, D., "Juggling Grandchild Care and Labor Force Participation: The Effect on Psychological Wellbeing of Older Women", *Frontiers in Sociology*, Vol. 6, 2022.

Baker, K. L., Robertson, N., & Connelly, D., "Men Caring for Wives or Partners with Dementia: Masculinity, Strain and Gain", *Aging &*

Mental Health, Vol. 14, No. 3, 2010.

Baker, L. A., & Silverstein, M., "Preventive Health Behaviors among Grandmothers Raising Grandchildren", *The Journals of Gerontology Series B: Psychological Sciences and Social Sciences*, Vol. 63, No. 5, 2008.

Barnes, C. L., Given, B. A., & Given, C. W., "Parent Caregivers: A Comparison of Employed and Not Employed Daughters", *Social Work*, Vol. 40, No. 3, 1995.

Barnett, R. C., & Hyde, J. S., "Women, Men, Work, and Family: An Expansionist Theory", *American Psychologist*, Vol. 56, No. 10, 2001.

Beitman, C. L., Johnson, J. L., Clark, A. L., Highsmith, S. R., Burgess, A. L., Minor, M. C., & Stir, A. L., "Caregiver Role Strain of Older Workers", *Work*, Vol. 22, No. 2, 2004.

Benjamin, D., Brandt, L., & Fan, J.-Z., *Ceaseless Toil? Health and Labor Supply of the Elderly in Rural China* (The William Davidson Institute Working Paper), The William Davidson Institute, 2003.

Berecki-Gisolf, J., Lucke, J., Hockey, R., & Dobson, A., "Transitions into Informal Caregiving and out of Paid Employment of Women in Their 50s", *Social Science & Medicine*, Vol. 67, No. 1, 2008.

Berger, J. M., Levant, R., McMillan, K. K., Kelleher, W., & Sellers, A., "Impact of Gender Role Conflict, Traditional Masculinity Ideology, Alexithymia, and Age on Men's Attitudes toward Psychological Help Seeking", *Psychology of Men & Masculinity*, Vol. 6, No. 1, 2005.

Bianchi, S. M., "Maternal Employment and Time with Children: Dramatic Change or Surprising Continuity?", *Demography*, Vol. 37, No. 4, 2000.

Bratberg, E., Dahl, S.-A., & Risa, A. E., "'The Double Burden':

Do Combinations of Career and Family Obligations Increase Sickness Absenceamong Women?", *European Sociological Review*, Vol. 18, No. 2, 2002.

Cai, F., & Du, Y., "The Social Protection System in Ageing China", *Asian Economic Policy Review*, Vol. 10, No. 2, 2015.

Cai, L., & Kalb, G., "Health Status and Labour Force Participation: Evidence from Australia", *Health Economics*, Vol. 15, No. 3, 2006.

Cai, Y., & Cheng, Y., "Pension Reform in China: Challenges and Opportunities", in John Wiley & Sons, *China's Economy*, Ltd., 2015.

Cai, Y., & Cheng, Y., "Pension Reform in China: Challenges and Opportunities", *Journal of Economic Surveys*, Vol. 28, No. 4, 2014.

Carmichael, F., & Charles, S., "The Opportunity Costs of Informal Care: Does Gender Matter?", *Journal of Health Economics*, Vol. 22, No. 5, 2003.

Carmichael, F., Charles, S., & Hulme, C., "Who Will Care? Employment Participation and Willingness to Supply Informal Care", *Journal of Health Economics*, Vol. 29, No. 1, 2010.

Carr, D., "The Linked Lives Principle in Life Course Studies: Classic Approaches and Contemporary Advances", in D. F. Alwin, D. H. Felmlee, & D. A. Kreager (eds.), *Social Networks and the Life Course: Integrating the Development of Human Lives and Social Relational Networks*, Springer International Publishing, 2018.

Carr, D. C., & Kail, B. L., "The Influence of Unpaid Work on the Transition out of Full-Time Paid Work", *The Gerontologist*, Vol. 53, No. 1, 2013.

Carr, E., Murray, E. T., Zaninotto, P., Cadar, D., Head, J., Stansfeld, S., & Stafford, M., "The Association between Informal Caregiving and Exit from Employment among Older Workers: Prospective Findings from the UK Household Longitudinal Study", *The Journals of Gerontology: Series B*, Vol. 73, No. 7, 2018.

Chen, F., & Liu, G., "Population Aging in China", in *International Handbook of Population Ageing*, Spinger Science & Business Media, 2009.

Chen, F., & Liu, G., "The Health Implications of Grandparents Caring for Grandchildren in China", *The Journals of Gerontology Series B: Psychological Sciences and Social Sciences*, Vol. 67, No. B (1), 2012.

Chen, F., Bao, L., Lin, Z., Zimmer, Z., Gultiano, S., & Borja, J. B., "Double Burden for Women in Mid-and-Later Life: Evidence from Time-Use Profiles in Cebu, the Philippines", *Ageing and Society*, Vol. 38, No. 11, 2018.

Chen, F., Lin, Z., Bao, L., Zimmer, Z., Gultiano, S., & B. Borja, J., "Time-Use Profiles, Chronic Role Overload, and Women's Body Weight Trajectories from Middle to Later Life in the Philippines", *Journal of Health and Social Behavior*, Vol. 60, No. 1, 2019.

Chen, F., Liu, G., & Mair, C. A., "Intergenerational Ties in Context: Grandparents Caring for Grandchildren in China", *Social Forces*, Vol. 90, No. 2, 2011.

Chen, G., & Hamori, S., "Formal and Informal Employment and Income Differentials in Urban China", *Journal of International Development*, Vol. 25, No. 7, 2013.

Chen, L., Fan, H., & Chu, L., "The Double-Burden Effect: Does the Combination of Informal Care and Work Cause Adverse Health Outcomes among Females in China?", *Journal of Aging and Health*, Vol. 32, No. 9, 2020.

Cheng, C., "Women's Education, Intergenerational Coresidence, and Household Decision-Making in China", *Journal of Marriage and Family*, Vol. 81, No. 1, 2019.

Cheng, S.-T., & Chan, A. C. M., "Filial Piety and Psychological Well-Being in Well Older Chinese", *The Journals of Gerontology Series B: Psychological Sciences and Social Sciences*, Vol. 61, No. 5, 2006.

Chumbler, N. R., Pienta, A. M., & Dwyer, J. W., "The Depressive-Symptomatology of Parent Care among the Near Elderly: The Influence of Multiple Role Commitments", *Research on Aging*, Vol. 26, No. 3, 2004.

Cong, Z., & Silverstein, M., "Caring for Grandchildren and Intergenerational Support in Rural China: A Gendered Extended Family Perspective", *Ageing and Society*, Vol. 32, No. 3, 2012.

Cong, Z., & Silverstein, M., "Intergenerational Time-for-Money Exchanges in Rural China: Does Reciprocity Reduce Depressive Symptoms of Older Grandparents?", *Research in Human Development*, Vol. 5, No. 1, 2008.

Connelly, R., Maurer-Fazio, M., & Zhang, D., "The Role of Coresidency with Adult Children in the Labor Force Participation Decisions of Older Men and Women in China", *SSRN Electronic Journal*, 2014.

Craig, L., "Does Father Care Mean Fathers Share? A Comparison of How Mothers and Fathers in Intact Families Spend Time with Children", *Gender &*

Society, Vol. 20, No. 2, 2006.

Craig, L., "How Employed Mothers in Australia Find Time for Both Market Work and Childcare", *Journal of Family and Economic Issues*, Vol. 28, No. 1, 2007.

Davis, K. D., Benjamin Goodman, W., Pirretti, A. E., & Almeida, D. M., "Nonstandard Work Schedules, Perceived Family Well-Being, and DailyStressors", *Journal of Marriage and Family*, Vol. 70, No. 4, 2008.

Dembe, A., Dugan, E., Mutschler, P., & Piktialis, D., "Employer Perceptions of Elder Care Assistance Programs", *Journal of Workplace Behavioral Health*, Vol. 23, No. 4, 2008.

Di Gessa, G., Glaser, K., & Tinker, A., "The Health Impact of Intensive and Nonintensive Grandchild Care in Europe: New Evidence from SHARE", *The Journals of Gerontology Series B: Psychological Sciences and Social Sciences*, Vol. 71, No. 5, 2016.

Dingemans, E., & Henkens, K., "Working after Retirement and Life Satisfaction: Cross-National Comparative Research in Europe", *Research on Aging*, Vol. 41, No. 7, 2019.

Dosman, D., Fast, J., Chapman, S. A., & Keating, N., "Retirement and Productive Activity in Later Life", *Journal of Family and Economic Issues*, Vol. 27, No. 3, 2006.

Earle, A., & Heymann, J., "Protecting the Health of Employees Caring for Family Members with Special Health Care Needs", *Social Science & Medicine*, Vol. 73, No. 1, 2011.

Ehrlich, U., Möhring, K., & Drobnič, S., "What Comes after Caring?

The Impact of Family Care on Women's Employment", *Journal of Family Issues*, Vol. 41, No. 9, 2020.

Eibich, P., "Understanding the Effect of Retirement on Health: Mechanisms and Heterogeneity", *Journal of Health Economics*, Vol. 43, 2015.

Elder, G. H. Jr., "Time, Human Agency, and Social Change: Perspectives on the Life Course", *Social Psychology Quarterly*, Vol. 57, No. 1, 1994.

Evandrou, M., Glaser, K., & Henz, U., "Multiple Role Occupancy in Midlife: Balancing Work and Family Life in Britain", *The Gerontologist*, Vol. 42, No. 6, 2002.

Feng, J., & Zhang, X., "Retirement and Grandchild Care in Urban China", *Feminist Economics*, Vol. 24, No. 2, 2018.

Floderus, B., Hagman, M., Aronsson, G., Marklund, S., & Wikman, A., "Work Status, Work Hours and Health in Women with and without Children", *Occupational and Environmental Medicine*, Vol. 66, No. 10, 2009.

Flood, S. M., & Moen, P., "Healthy Time Use in the Encore Years: Do Work, Resources, Relations, and Gender Matter?", *Journal of Health and Social Behavior*, Vol. 56, No. 1, 2015.

Freedman, V. A., Cornman, J. C., Carr, D., & Lucas, R. E., "Time Use and Experienced Wellbeing of Older Caregivers: A Sequence Analysis", *Gerontologist*, Vol. 59, No. 5, 2019.

Fu, H., Si, L., & Guo, R., "What Is the Optimal Cut-off Point of the 10-Item Center for Epidemiologic Studies Depression Scale for Screening Depression among Chinese Individuals Aged 45 and Over? An Exploration Using Latent Profile Analysis", *Frontiers in Psychiatry*, Vol. 13,

No. 820777, 2022.

Gamble, J., & Huang, Q., "One Store, Two Employment Systems: Core, Periphery and Flexibility in China's Retail Sector", *British Journal of Industrial Relations*, Vol. 47, No. 1, 2009.

Gao, M., Sa, Z., Li, Y., Zhang, W., Tian, D., Zhang, S., & Gu, L., "Does Social Participation Reduce the Risk of Functional Disability among Older Adults in China? A Survival Analysis Using the 2005–2011 Waves of the CLHLS Data", *BMC Geriatrics*, Vol. 18, No. 1, 2018.

Gessa, G. D., Bordone, V., & Arpino, B., "Becoming a Grandparent and Its Effect on Well-Being: The Role of Order of Transitions, Time, and Gender", *The Journals of Gerontology Series B: Psychological Sciences and Social Sciences*, Vol. 75, Issue 10, 2020.

Giles, J., Wang, D., & Cai, W., *The Labor Supply and Retirement Behavior of China's Older Workers and Elderly in Comparative Perspective* (IZA Discussion Papers), Institute for the Study of Labor (IZA), 2011.

Giles, J., Wang, D., & Park, A., *Expanding Social Insurance Coverage in Urban China* (Policy Research Working Paper), The World Bank, Development Research Group, Human Development and Public Services Team, 2013.

Glei, D. A., Goldman, N., Ryff, C. D., Lin, Y.-H., & Weinstein, M., "Social Relationships and Inflammatory Markers: An Analysis of Taiwan and the U. S.", *Social Science & Medicine*, Vol. 74, No. 12, 2012.

Goode, W. J., "A Theory of Role Strain", *American Sociological Review*, Vol. 25, No. 4, 1960.

Hajek, A. , & König, H. -H. , "Feeling Too Old? Consequences for Subjective Well-Being, Longitudinal Findings from the German Ageing Survey", *Archives of Gerontology and Geriatrics*, Vol. 90, No. 104127, 2020.

Hansen, T. , & Slagsvold, B. , "Feeling the Squeeze? The Effects of Combining Work and Informal Caregiving on Psychological Well-Being", *European Journal of Ageing*, Vol. 12, No. 1, 2015.

Hanser, A. , & Li, J. , "The Hard Work of Feeding the Baby: Breastfeeding and Intensive Mothering in Contemporary Urban China", *The Journal of Chinese Sociology*, Vol. 4, No. 1, 2017.

He, Q. , Li, X. , & Wang, R. , "Childhood Obesity in China: Does Grandparents' Coresidence Matter? *Economics and Human Biology*, Vol. 29, 2018.

Henry, C. , Fraga, F. , & Yu, T. , *What Drives Old Age Work in China?*, International Labour Office, 2018.

Hewitt, B. , Western, M. , & Baxter, J. "Who Decides? The Social Characteristics of Who Initiates Marital Separation", *Journal of Marriage and Family*, Vol. 68, No. 5, 2006.

Hochschild, A. , & Machung, A. , "*The Second Shift: Working Families and the Revolution at Home*, Penguin, 2012.

Huang, P. C. C. , "China's Neglected Informal Economy: Reality and Theory", *Modern China*, Vol. 35, No. 4, 2009.

Jorgensen, D. , Parsons, M. , Jacobs, S. , & Arksey, H. , "The New Zealand Informal Caregivers and Their Unmet Needs", *The New Zealand Medical Journal*, Vol. 123, No. 1317, 2010.

Juratovac, E., Morris, D. L., Zauszniewski, J. A., & Wykle, M. L., "Effort, Workload, and Depressive Symptoms in Family Caregivers of Older Adults: Conceptualizing and Testing a Work-Health Relationship", *Research and Theory for Nursing Practice*, Vol. 26, No. 2, 2012.

Kan, M.-Y., Zhou, M., Negraia, D. V., Kolpashnikova, K., Hertog, E., Yoda, S., & Jun, J., "How Do Older Adults Spend Their Time? Gender Gaps and Educational Gradients in Time Use in East Asian and Western Countries", *Journal of Population Ageing*, 2021.

Katz, R., Lowenstein, A., Prilutzky, D., & Halperin, D., "Employers' Knowledge and Attitudes Regarding Organizational Policy toward Workers Caring for Aging Family Members", *Journal of Aging & Social Policy*, Vol. 23, No. 2, 2011.

Kikuzawa, S., & Uemura, R., "Parental Caregiving and Employment among Midlife Women in Japan", *Research on Aging*, Vol. 43, No. 2, 2021.

Kim, J. H., "Productive Aging of Korean Older People Based on Time Use", *Social Science and Medicine*, Vol. 229, 2019.

Ko, P. C., & Hank, K., "Grandparents Caring for Grandchildren in China and Korea: Findings from CHARLS and KLoSA", *The Journals of Gerontology Series B: Psychological Sciences and Social Sciences*, Vol. 69, No. 4, 2014.

Korinek, K., Zimmer, Z., & Gu, D., "Transitions in Marital Status and Functional Health and Patterns of Intergenerational Coresidence among China's Elderly Population", *The Journals of Gerontology Series B: Psychological Sciences and Social Sciences*, Vol. 66, No. B (2), 2011.

Kramer, B. J., & Kipnis, S., "Eldercare and Work-Role Conflict: Toward an Understanding of Gender Differences in Caregiver Burden", *The Gerontologist*, Vol. 35, No. 3, 1995.

Kuan, T., *Love's Uncertainty: The Politics and Ethics of Child Rearing in Contemporary China*, University of California Press, 2015.

Kwon, S., & Schafer, M. H., "How Did Work Attitudes Change in Reform-Era China? Age, Period, and Cohort Effects on Work Centrality", *Sociological Perspectives*, Vol. 55, No. 4, 2012.

Lachman, M. E., "Development in Midlife", *Annual Review of Psychology*, Vol. 55, No. 1, 2004.

Lahaie, C., Earle, A., & Heymann, J., "An Uneven Burden: Social Disparities in Adult Caregiving Responsibilities, Working Conditions, and Caregiver Outcomes", *Research on Aging*, Vol. 35, No. 3, 2013.

Lai, D. W. L., Li, J., Ou, X., & Li, C. Y. P., "Effectiveness of a Peer-Based Intervention on Loneliness and Social Isolation of Older Chinese Immigrants in Canada: A Randomized Controlled Trial", *BMC Geriatrics*, Vol. 20, No. 1, 2020.

Lee, Y., & Tang, F., "More Caregiving, Less Working: Caregiving Roles and Gender Difference", *Journal of Applied Gerontology*, Vol. 34, No. 4, 2015.

Lee, Y., Jang, K., & Lockhart, N. C., "Impact of Social Integration and Living Arrangements on Korean Older Adults' Depression: A Moderation Model", *The International Journal of Aging and Human Development*, Vol. 86, No. 3, 2018.

Li, H., Shi, X., & Wu, B., "The Retirement Consumption Puzzle

Revisited: Evidence from the Mandatory Retirement Policy in China", *Journal of Comparative Economics*, Vol. 44, No. 3, 2016.

Li, L. W., Liu, J., Xu, H., & Zhang, Z., "Understanding Rural-Urban Differences in Depressive Symptoms among Older Adults in China", *Journal of Aging and Health*, Vol. 28, No. 2, 2016.

Li, Y., Xu, L., Chi, I., & Guo, P., "Participation in Productive Activities and Health Outcomes among Older Adults in Urban China", *The Gerontologist*, Vol. 54, No. 5, 2014.

Lin, N., Ye, X., & Ensel, W. M., "Social Support and Depressed Mood: A Structural Analysis", *Journal of Health and Social Behavior*, Vol. 40, No. 4, 1999.

Ling, D. C., & Chi, I., "Determinants of Work among Older Adults in Urban China", *Australasian Journal on Ageing*, Vol. 27, No. 3, 2008.

Liu, H., & Lou, V. W. Q., "Patterns of Productive Activity Engagement as a Longitudinal Predictor of Depressive Symptoms among Older Adults in Urban China", *Aging & Mental Health*, Vol. 21, No. 11, 2017.

Liu, H., & Lou, W. Q., "Patterns of Productive Activity Engagement among Older Adults in Urban China", *European Journal of Ageing*, Vol. 13, No. 4, 2016.

Liu, J., & Chen, F., "Intergenerational Caregiving Patterns, Living Arrangements, and Life Satisfaction of Adults in Mid and Later Life in China", *Research on Aging*, Vol. 44, No. 7-8, 2022.

Liu, J., Rozelle, S., Xu, Q., Yu, N., & Zhou, T., "Social Engagement and Elderly Health in China: Evidence from the China Health and Retirement Longitudinal Survey (CHARLS)", *International Journal of Environmental Research and Public Health*, Vol. 16, No. 2, 2019.

Liu, S., Zhang, W., Wu, L., & Wu, B., "Contributory Behaviors and Life Satisfaction among Chinese Older Adults: Exploring Variations by Gender and Living Arrangements", *Social Science & Medicine*, Vol. 229, 2019.

Lu, M., & Chen, Z., "Urbanization, Urban-Biased Policies, and Urban-Rural Inequality in China, 1987 – 2001", *The Chinese Economy*, Vol. 39, No. 3, 2006.

Lum, Terry Yat-Sang, "Advancing Research on Productive Aging Activities in Greater Chinese Societies", *Ageing International*, Vol. 38, No. 2, 2013.

Lumsdaine, R. L., & Vermeer, S. J. C., "Retirement Timing of Women and the Role of Care Responsibilities for Grandchildren", *Demography*, Vol. 52, No. 2, 2015.

Luo, M., "Cohort Dynamics in Relation to Gender Attitudes in China", *Chinese Journal of Sociology*, Vol. 7, No. 2, 2021.

Luo, M. S., & Chui, E. W. T., "Trends in Women's Informal Eldercare in China, 1991 – 2011: An Age-Period-Cohort Analysis", *Ageing and Society*, Vol. 39, No. 12, 2019.

Luo, Y., La Pierre, T. A., Hughes, M. E., & Waite, L. J., "Grandparents Providing Care to Grandchildren: A Population-Based Study of Continuity and Change", *Journal of Family Issues*, Vol. 33, No. 9, 2012.

Ma, J., Yang, H., Hu, W., & Khan, H. T. A., "Spousal Care Intensity, Socioeconomic Status, and Depression among the Older Caregivers in

China: A Study on 2011 – 2018 CHARLS Panel Data", *Healthcare*, Vol. 10, No. 2, 2022.

Majid, N., *The Great Employment Transformation in China*, International Labour Office, 2015.

Marks, S. R., "Multiple Roles and Role Strain: Some Notes on Human Energy, Time and Commitment", *American Sociological Review*, Vol. 42, No. 6, 1977.

Mirowsky, J., & Ross, C. E., "Social Pattern of Distress", *Annual Review of Sociology*, Vol. 12, 1986.

Mitrani, V. B., Vaughan, E. L., McCabe, B. E., & Feaster, D. J., "Conflict Resolution and Distress in Dementia Caregiver Families: Comparison of Cubans and White Non-Hispanics", *Hispanic Health Care International*, Vol. 6, No. 2, 2008.

Mjelde-Mossey, L. A., Chin, I., Lubben, J., & Lou, V. W., "Relationship between Productive Activities, Family Relations, and Aging Well for Elders in China", *Journal of Ethnic & Cultural Diversity in Social Work*, Vol. 18, No. 4, 2009.

Moen, P., & Flood, S., "Limited Engagements? Women's and Men's Work/Volunteer Time in the Encore Life Course Stage", *Social Problems*, Vol. 60, No. 2, 2013.

Moen, P., Robison, J., & Dempster-McClain, D., "Caregiving and Women's Well-Being: A Life Course Approach", *Journal of Health and Social Behavior*, Vol. 36, No. 3, 1995.

Moen, P., "Constrained Choices: The Shifting Institutional Contexts of Aging and the Life Course", in L. J. Waite & T. J. Plewes (eds.), *New*

Directions in the Sociology of Aging, National Academies Press (U.S.), 2013.

Moortel, D. D., Dragano, N., & Wahrendorf, M., "Involuntary Full- and Part-Time Work: Employees' Mental Health and the Role of Family- and Work-Related Resources", *Societies*, Vol. 10, No. 4, Article 4, 2020.

Musick, M. A., & Wilson, J., "Volunteering and Depression: The Role of Psychological and Social Resources in Different Age Groups", *Social Science & Medicine*, Vol. 56, No. 2, 2003.

Nakagawa, T., Cho, J., & Yeung, D. Y., "Successful Aging in East Asia: Comparison among China, Korea, and Japan", *The Journals of Gerontology Series B: Psychological Sciences and Social Sciences*, Vol. 76, 2021.

National Bureau of Statistics of China, *China Statistical Yearbook 2017*, China Statistics Press, 2017.

Nguyen, H. T., & Connelly, L. B., "The Effect of Unpaid Caregiving Intensity on Labour Force Participation: Results from a Multinomial Endogenous Treatment Model", *Social Science & Medicine*, Vol. 100, 2014.

Niimi, Y., "Does Providing Informal Elderly Care Hasten Retirement? Evidence from Japan", *Review of Development Economics*, Vol. 22, No. 3, 2018.

Ning, M., Gong, J., Zheng, X., & Zhuang, J., "Does New Rural Pension Scheme Decrease Elderly Labor Supply? Evidence from CHARLS", *China Economic Review*, Vol. 41, 2016.

Nolen-Hoeksema, S., Grayson, C., & Larson, J., "Explaining the

Gender Difference in Depressive Symptoms", *Journal of Personality and Social Psychology*, Vol. 77, No. 5, 1999.

Offer, S., & Schneider, B., "Revisiting the Gender Gap in Time-Use Patterns: Multitasking and Well-Being among Mothers and Fathers in Dual-Earner Families", *American Sociological Review*, Vol. 76, No. 6, 2011.

Offer, S., "The Costs of Thinking about Work and Family: Mental Labor, Work-Family Spillover, and Gender Inequality among Parents in Dual-Earner Families", *Sociological Forum*, Vol. 29, No. 4, 2014.

Naohiro O., Matsukura, R., & Maliki, "Rapid Population Aging and Changing Intergenerational Transfers in Japan", in *International Handbook of Population Aging*, Springer Netherlands, 2009.

Pei, X., Luo, H., Lin, Z., Keating, N., & Fast, J., "The Impact of Eldercare on Adult Children's Health and Employment in Transitional China", *Journal of Cross-Cultural Gerontology*, Vol. 32, No. 3, 2017.

Penning, M. J., & Wu, Z., "Caregiver Stress and Mental Health: Impact of Caregiving Relationship and Gender", *The Gerontologist*, Vol. 56, No. 6, 2016.

Pinquart, M., & Sörensen, S., "Gender Differences in Caregiver Stressors, Social Resources, and Health: An Updated Meta-Analysis", *The Journals of Gerontology Series B: Psychological Sciences and Social Sciences*, Vol. 61, No. 1, 2006.

Pinquart, M., & Sörensen, S., "Differences between Caregivers and Noncaregivers in Psychological Health and Physical Health: A Meta-Analysis", *Psychology and Aging*, Vol. 18, No. 2, 2003.

Pohl, J. S., Bell, J. F., Tancredi, D. J., & Woods, N. F., "Social Isolation and Health among Family Caregivers of Older Adults: Less Community Participation May Indicate Poor Self-Reported Health", *Health & Social Care in the Community*, Vol. 30, No. 6, 2022.

Pozen, R. C., *Tackling the Chinese Pension System*, Paulson Institute, 2013.

Qian, Y., & Fuller, S., "COVID-19 and the Gender Employment Gap among Parents of Young Children", *Canadian Public Policy*, Vol. 46, No. S2, 2020.

Qian, Y., & Sayer, L. C., "Division of Labor, Gender Ideology, and Marital Satisfaction in East Asia", *Journal of Marriage and Family*, Vol. 78, No. 2, 2016.

Riley, N. E., "Good Mothering in China: Effects of Migration, Low Fertility, and Birth Constraints", in D. L. Poston (ed.), *Low Fertility Regimes and Demographic and Societal Change*, Springer International Publishing, 2018.

Rozario, P. A., Morrow-Howell, N., & Hinterlong, J. E., "Role Enhancement or Role Strain: Assessing the Impact of Multiple Productive Roles on Older Caregiver Well-Being", *Research on Aging*, Vol. 26, No. 4, 2004.

Ruiz, S. A., & Silverstein, M., "Relationships with Grandparents and the Emotional Well-Being of Late Adolescent and Young Adult Grandchildren", *Journal of Social Issues*, Vol. 63, No. 4, 2007.

Rupert, P., & Zanella, G., *Grandchildren and Their Grandparents' Labor Supply* [Application/pdf], 2014.

Sanders, S., "Experiences of Rural Male Caregivers of Older Adults with

Their Informal Support Networks", *Journal of Gerontological Social Work*, Vol. 49, No. 4, 2007.

Scharlach, A. E., Sobel, E. L., & Roberts, R. E. L., "Employment and Caregiver Strain: An Integrative Model", *The Gerontologist*, Vol. 31, No. 6, 1991.

Scharlach, A. E., "Caregiving and Employment: Competing or Complementary Roles?", *The Gerontologist*, Vol. 34, No. 3, 1994.

Scharlach, A. E., "Role Strain in Mother-Daughter Relationships in Later Life", *The Gerontologist*, Vol. 27, No. 5, 1987.

Schmitz, H., & Stroka, M. A., "Health and the Double Burden of Full-Time Work and Informal Care Provision—Evidence from Administrative Data", *Labour Economics*, Vol. 24, 2013.

Sieber, S. D., "Toward a Theory of Role Accumulation", *American Sociological Review*, Vol. 39, No. 4, 1974.

Silverstein, M., & Giarrusso, R., "Aging and Family Life: A Decade Review", *Journal of Marriage and Family*, Vol. 72, No. 5, 2010.

Silverstein, M., & Zhang, W., "Grandparents' Financial Contributions to Grandchildren in Rural China: The Role of Remittances, Household Structure, and Patrilineal Culture", *The Journals of Gerontology Series B: Psychological Sciences and Social Sciences*, Vol. 75, No. 5, 2020.

Silverstein, M., Cong, Z., & Li, S., "Intergenerational Transfers and Living Arrangements of Older People in Rural China: Consequences for Psychological Well-Being", *The Journals of Gerontology Series B: Psychological Sciences and Social Sciences*, Vol. 61, No. 5, 2006.

Smith, P. M., Cawley, C., Williams, A., & Mustard, C., "Male/Female Differences in the Impact of Caring for Elderly Relatives on Labor Market Attachment and Hours of Work: 1997 – 2015", *The Journals of Gerontology Series B: Psychological Sciences and Social Sciences*, Vol. 75, No. 3, 2020.

Song, Q., & Chen, F., "Living Arrangements, Offspring Migration, and Health of Older Adults in Rural China: Revelation from Biomarkers and Propensity Score Analysis", *Journal of Aging and Health*, Vol. 32, No. 1 – 2, 2020.

Steptoe, A., Shankar, A., Demakakos, P., & Wardle, J., "Social Isolation, Loneliness, and All-Cause Mortality in Older Men and Women", *Proceedings of the National Academy of Sciences*, Vol. 110, No. 15, 2013.

Strazdins, L., Welsh, J., Korda, R., Broom, D., & Paolucci, F., "Not All Hours are Equal: Could Time Be a Social Determinant of Health?", *Sociology of Health & Illness*, Vol. 38, No. 1, 2016.

Sun, J., "Chinese Older Adults Taking Care of Grandchildren: Practices and Policies for Productive Aging", *Ageing International*, Vol. 38, No. 1, 2013.

Szinovacz, M. E., & Davey, A., "Predictors of Perceptions of Involuntary Retirement", *The Gerontologist*, Vol. 45, No. 1, 2005.

Sánchez-López, M. D. P., Cuellar-Flores, I., & Dresch, V., "The Impact of Gender Roles on Health", *Women & Health*, Vol. 52, No. 2, 2012.

Tong, Y., Chen, F., & Su, W., "Living Arrangements and Older People's Labor Force Participation in Hong Kong, 1986 – 2016", *Social Science and Medicine*, Vol. 229, 2019.

Uccheddu, D., Gauthier, A. H., Steverink, N., & Emery, T., "The Pains and Reliefs of the Transitions into and out of Spousal Caregiving, A Cross-National Comparison of the Health Consequences of Caregiving by Gender", *Social Science and Medicine*, 2019.

Van Bavel, J., & De Winter, T., "Becoming a Grandparent and Early Retirement in Europe", *European Sociological Review*, Vol. 29, No. 6, 2013.

Van Houtven, C. H., Coe, N. B., & Skira, M. M., "The Effect of Informal Care on Work and Wages", *Journal of Health Economics*, Vol. 32, 2013.

Venn, D., & Strazdins, L., "Your Money or Your Time? How Both Types of Scarcity Matter to Physical Activity and Healthy Eating", *Social Science & Medicine*, Vol. 172, 2017.

Wang, C. D., Hayslip, B. J., Sun, Q., & Zhu, W., "Grandparents as the Primary Care Providers for Their Grandchildren: A Cross-Cultural Comparison of Chinese and U. S. Samples", *The International Journal of Aging and Human Development*, Vol. 89, No. 4, 2019.

Wang, M., "Profiling Retirees in the Retirement Transition and Adjustment Process: Examining the Longitudinal Change Patterns of Retirees' Psychological Well-Being", *Journal of Applied Psychology*, Vol. 92, No. 2, 2007.

Wang, W. -P., Wu, L. -H., Zhang, W., & Tsay, R. -M., "Culturally-Specific Productive Engagement and Self-Rated Health among Taiwanese Older Adults", *Social Science & Medicine*, Vol. 229, 2019.

Wang, X., Shao, S., & Li, L., "Agricultural Inputs, Urbanization, and Urban-Rural Income Disparity: Evidence from China", *China Economic Review*, Vol. 55, 2019.

Wang, Y., & Gonzales, E., "Examining the Prevalence, Risk and Protective Factors to Family Caregiving in China: Findings From CHARLS", *China Journal of Social Work*, Vol. 12, No. 1, 2019.

Wang, Y., & Marcotte, D. E., "Golden Years? The Labor Market Effects of Caring for Grandchildren", *Journal of Marriage and Family*, Vol. 69, No. 5, 2007.

Wilson, J., & Musick, M., "The Contribution of Social Resources to Volunteering", *Social Science Quarterly*, Vol. 79, No. 4, 1998.

Wooldridge, J. M., *Econometric Analysis of Cross Section and Panel Data*, MIT Press, 2010.

Xiao, S., & Asadullah, M. N., "Social Norms and Gender Differences in Labor Force Participation in China", *Feminist Economics*, Vol. 26, No. 4, 2020.

Xie, L., & Han, W., "The Different Roles of Productive Aging Activities in the Life Satisfaction of Older Adults in Urban and Rural China", *International Social Work*, Vol. 64, No. 1, 2023.

Xu, H., "Physical and Mental Health of Chinese Grandparents Caring for Grandchildren and Great-Grandparents", *Social Science & Medicine*, Vol. 229, 2019.

Xu, M., Evandrou, M., & Falkingham, J., "Work Histories of Older Adults in China: Social Heterogeneity and the Pace of De-Standardisation", *Advances in Life Course Research*, Vol. 48, No. 100399, 2021.

Xue, J., Gao, W., & Guo, L., "Informal Employment and Its Effect on the Income Distribution in Urban China", *China Economic Review*, Vol. 31, 2014.

Yu, B., Steptoe, A., Chen, Y., & Jia, X., "Social Isolation, Rather than Loneliness, Is Associated with Cognitive Decline in Older Adults: The China Health and Retirement Longitudinal Study", *Psychological Medicine*, Vol. 51, No. 14, 2021.

Zeger, S. L., & Liang, K.-Y., "Longitudinal Data Analysis for Discrete and Continuous Outcomes", *Biometrics*, 1986.

Zhang, J., Emery, T., & Dykstra, P., "Grandparenthood in China and Western Europe: An Analysis of CHARLS and SHARE", *Advances in Life Course Research*, Vol. 45, 2018.

Zhang, N. J., Guo, M., & Zheng, X., "China: Awakening Giant Developing Solutions to Population Aging", *The Gerontologist*, Vol. 52, No. 5, 2012.

Zhang, W., Feng, Q., Liu, L., & Zhen, Z., "Social Engagement and Health: Findings from the 2013 Survey of the Shanghai Elderly Life and Opinion", *The International Journal of Aging and Human Development*, Vol. 80, No. 4, 2015.

Zhang, W., O'Brien, N., Forrest, J. I., Salters, K. A., Patterson, T. L., Montaner, J. S. G., Hogg, R. S., & Lima, V. D., "Validating a Shortened Depression Scale (10 Item CES-D) among HIV-Positive People in British Columbia, Canada", *PLoS ONE*, Vol. 7, No. 7, 2012.

Zhao, Q., & Mi, H., "Evaluation on the Sustainability of Urban Public Pension System in China", *Sustainability (Switzerland)*, Vol. 11, No. 5, 2019.

Zhao, X., Zhang, Q., Ji, Y., Liu, H., & Lou, V. W. Q.,

"Influence of Spousal Caregiving and Living Arrangement on Depression among Husband Caregivers in Rural China", *Aging & Mental Health*, Vol. 27, No. 7, 2022.

Zuba, M., & Schneider, U., "What Helps Working Informal Caregivers? The Role of Workplace Characteristics in Balancing Work and Adult-Care Responsibilities", *Journal of Family and Economic Issues*, Vol. 34, No. 4, 2013.

Zwar, L., König, H.-H., & Hajek, A., "Can Informal Caregiving Be Perceived as Rejuvenating? Changes in Perceptions of Ageing at Onset and End of Informal Caregiving during Different Stages of Life", *Gerontology*, Vol. 69, No. 4, 2023.